仁◎編著

你會致富還是致貧？

測試你人生成功指數的114則

心理測驗

你會致富還是致負?測試你人生成功指數的114則心理測驗

編　著　豪野仁

出　版　者　大拓文化事業有限公司

執 行 編 輯　林秀如

美 術 編 輯　姚恩涵

總　經　銷　永續圖書有限公司

劃 撥 帳 號　18669219

地　　　址　22103 新北市汐止區大同路三段一九十四號九樓之一
　　　　　　TEL (○二)八六四七─三六六三
　　　　　　FAX (○二)八六四七─三六六○
　　　　　　E-mail　yungjiuh@ms45.hinet.net
　　　　　　網址　www.foreverbooks.com.tw

CVS代理　　美璟文化有限公司
　　　　　　TEL (○二)二七二三─九九六八
　　　　　　FAX (○二)二七二三─九六六八

法 律 顧 問　方圓法律事務所　涂成樞律師

出　版　日◇二○一六年十一月
Printed in Taiwan, 2016 All Rights Reserved

大拓
Talent Tool

永續圖書 線上購物網
www.foreverbooks.com.tw

國家圖書館出版品預行編目資料

你會致富還是致負?測試你人生成功指數
的114則心理測驗 / 豪野仁編著. -- 初版.
　-- 新北市 : 大拓文化, 民105.11
　面 ；　公分. -- (輕鬆生活館 ; 30)
　　ISBN 978-986-411-043-8(平裝)

　　1. 心理測驗

179.1　　　　　　　　　　　105017705

Part 1

富翁都是情商高手

CONTENTS

CONTENTS

Part 2

高情商將讓你成就一生

CONTENTS

Part **1**

富翁都是情商高手

你會成為百萬富翁嗎？你適合投資還是儲蓄？為什麼你炒股一定會賺？
這些都跟情商有很大關係。

通常來說，情商高的人收入明顯高於同事。

其實社會就是人際關係的總和，處理好了人際關係，也就處理好了各種
問題，領導當然也喜歡這樣的員工。另外，聽說情商高的人更容易當老
闆。

01. 從你選的房子測試你對金錢的看法

以下六種居住條件，如果購房你最看重的是哪種？

A. 適合二人世界的溫馨小窩

B. 每個房間都要舒適

C. 坐北朝南、風水佳

D. 標準三房兩廳

E. 重視單人獨立空間的設計

F. 寬闊、無多隔間的西式房子

測試結果

 你很重視物品的質感，會追求物質，有時難免
會有一點虛榮心，甚至連借錢買東西也在所不

惜。你需要克服浪費的壞習慣，做些適合自己
的工作。

B 對於金錢你極為敏銳，不喜歡按部就班地存錢，
即使冒點風險，你也想抓住賺大錢的機會。若
能留心積財，財產就會滾雪球般增長。

C 你是個一心一意想賺大錢的人。正因為如此，
常常容易遭受損失。所以你還是老老實實地賺
錢，給自己制定一個詳細可行的理財計劃。

D 你是個生性老實、個性穩重的人。你絕不輕易
奢侈浪費，對於娛樂之事也缺乏興趣。你只一
味地想節省，所以常常買一些便宜貨而帶來不
必要的損失。

E 你是個很有經濟頭腦的人，金錢觀念強。因此
很會存錢，從表面上看你似乎是不大節儉的樣
子，其實你對於金錢的運用很有條理，也極有
理智。

F 你看上去沒有一點經濟頭腦，好像置身在夢中
的浪漫主義者。只有在需要用錢時，你才偶爾
感覺到錢的重要，或多或少儲蓄一點。

02. 你的命中有幾座金山？

你的新房子正在裝潢，你會在哪一部分花最多的錢？

> A. 客廳的沙發、擺設
> B. 臥室的床
> C. 浴室
> D. 廚房

測試結果

A 你天生有致富的命，可惜不太會把握，回想一下自己花錢的態度，別太注意「表面功夫」，要考慮收支平衡！你財運不差，別一直偷懶放棄可以進財的機會。

B 你的命裡只有兩座金山，但是卻也餓不著。你天生是上流社會的人，或許你談不上大富大貴，但是你總是在口袋快見底時又有適當的補充。

C 你的命裡有三座金山，你的不計較能讓你得到意外之財。你看起來不像是會成為大富翁的人，但是人不可貌相，你偏偏是最有機會成為大富翁的人！

D 你的命裡有四座金山，可以讓你吃得飽穿得暖。你是個懂得享受的、惜福的人。

☆【智慧分享】

1. 越努力，運氣就越好。

2. 心態決定狀態，思路決定出路。

3. 沒有失敗，只是暫時還沒有成功。

4. 命運在自己手裡，而不是在別人嘴裡。

5. 不改變壞習慣，它將控制我們一生。

6. 人們尊重的往往不是人，而是實力。

7. 總有人會迷失方向，否則真理的路上將人滿為患！

03. 從拿杯子窺探你的金錢欲

　　若你參加一場宴會，當服務生端著果汁給你時，他托盤裡的杯子裝著不同份量的果汁，你會選擇哪一杯？

> A. 空杯，正準備倒入
>
> B. 半杯
>
> C. 七分滿
>
> D. 全滿

A 你是一個對金錢慾望非常強烈的人，但是你卻常常搞不清楚你到底有多少錢，所以你是一個很會賺錢的窮人。

B 你是一個做事非常謹慎的人，所以對金錢的處理也是同樣謹慎，因此你是一個對錢慾望不強烈的人。

C 你是一個凡事都會留後路的人，自制力很強，且不會輕易進行危險的金錢交易，所以你是一個對金錢慾望強烈也善於支配金錢的人。

D 你是一個非常貪婪的人，所有的東西都想盡收眼底，對金錢很貪婪，慾望也極強。

04. 你對金錢的態度

下班在路邊等車的時候，你撿到一個小皮包，憑直覺你覺得裡面會有什麼？

A. 現金和信用卡
B. 現金和化妝品
C. 現金、手機和鑰匙
D. 什麼都沒有

測試結果

A 錢明明夠用的你會擔心，是因為你對錢沒有安全感。這種類型的人已經很會賺錢了，而且也很有頭腦，很用心地在賺錢，可是你內心深處永遠有一塊是沒有安全感的，因為你擔心的事情實在太多了。

B 沒生意頭腦的你小心耳根太軟，錢被人騙。這種類型的人心很軟，再加上很容易相信別人，耳根很軟，因此要小心，錢要守緊一點。

C 寵愛自己和家人的你超捨得花錢讓家人好好享受。這種類型的人覺得賺錢的目的就是要讓自己跟家人活得更好，花錢就是享受生命，家人也一起享有這個福氣，不過往往因此賺得越多錢也花得越多。

D 對賺錢不夠積極的你再這樣下去可能會更慘。這種類型的人個性隨和，不夠積極，如果個性不改的話，不要妄想錢會從天上掉下來。

☆ 【富人、窮人的算帳方式】

富人的算帳方式能夠讓財富增加：如果我花100萬元能夠得到200萬元收益，這100萬元一定要花，哪怕去借100萬元。

窮人的算帳方式是：如果我有100萬元，最好是一分錢不花，不管能得到多大收益。

要想讓自己或企業取得成功，就必須剔除這樣的「窮人心態」。

05. 買古董測你的理財盲點

出國旅行時,購物是一項很重要的內容。在藝術品市場,你對下列哪一類寶物最感興趣,想買來收藏?

A. 古董瓷器
B. 手工藝品
C. 金銀首飾
D. 書畫作品

測試結果

A 你對於錢財的使用沒有什麼概念,對於「開源」和「節流」這兩項工作,你寧可只做前者。你認為花錢就是要讓自己開心,不應該委屈自己,

而且會認為每一項花費都很值得。其實你的品味不錯，可以做做投資，多收藏一些東西，這些會讓你花了錢，還有增值的可能。

B 你情感豐富，耳根軟，對人毫無防備之心。因為你是感性消費者，支出數目有高有低，所以最好先編列預算，控制自己的花費，才可能避免出現財政赤字。

C 你對於每一分錢都很重視，認為財富就是一點一滴累積起來的。

雖然你從各方面都可以省下一些錢，數目也很可觀，可是這樣的速度很慢，而且趨於保守，不能有效管理錢財。

D 你有些不切實際，做什麼都只是為了實現夢想，根本沒有從現實考慮。

對於理財，你也覺得十分頭痛，不知該從哪裡入手，也不願捲入股票遊戲中。所以你就這麼拖著，雖然偶爾也會留意相關消息，但還是很被動。

06. 為了錢你會犧牲什麼？

　　你的某個夢境中，魔法師交給你一個木盒，對你說：「這個盒子裡裝了一個會阻礙你發財的東西，你絕對不能打開它，也不可以對別人提起這件事！」那麼你會將它藏在哪裡呢？

A. 書架的後面
B. 壁櫥最深處
C. 埋在庭院裡
D. 化妝鏡後面

測試結果

A 書架象徵著知性、才能和工作，你是個可以為錢拋棄自己感興趣的工作的人，放棄喜歡的專業，在豐厚的薪水中享受收穫的樂趣。

B 壁櫥是熟人最不容易看到的地方，是家人才知道的祕密場所，象徵家庭的牽絆，也就是表示你會為了錢不惜與家人分開，獨自背井離鄉去遠方探險。

C 庭院是個開放的場所，代表著輿論。所以你可以做一個為錢而不管眾人眼光的人，你也很容易因此而失去朋友。

D 鏡子代表你自己，為了錢你可以不管自己變成什麼樣子，甚至不擇手段。

07. 丟硬幣測試你的創新思維

如果你與心儀的對象首次約會，正在某個廟裡上香祈福。這時候他/她提議你去向一個石烏龜丟硬幣，那樣就可以心想事成。你覺得你會丟中烏龜的哪一邊呢？

A. 左邊
B. 中間
C. 右邊

測試結果

A 你的思維獨特得令旁人驚訝。其實你完全有能力為自己創造財富，也可以當李嘉誠第二。因為你的想法都新穎有趣，會對傳統有極大的突破。

B 你有超凡的集中力和驚人的能力。但是你不太敢嘗試，也不太敢突破。你的創意理念符合這個時代的趨勢，起碼你知道那些死板的人需要死板的創意。

C 你對自己的判斷沒有太大的信心，應該說，你一直對人生沒有自信。反而有時候真的只靠自己的直覺來決定那些關鍵工作。

☆ 【四種性格的人不宜投資股票】

1. 環性性格——表現為情緒極不穩定、大起大落，情緒自控能力差，極易受環境的影響。

2. 偏執性格——表現為個性偏激，自我評價過高，剛愎自用。

3. 懦弱性格——表現為隨大溜，人云亦云，缺乏自信，無主見，遇事優柔寡斷，總是按別人的意見做。

4. 追求完美性格——表現為目標過高，做什麼事都追求十全十美，稍有不足，即耿耿於懷，自怨自艾。

08. 測試你的敗家指數

　　晚上公司舉辦日式烤肉餐會，偏偏你的魔鬼上司對你交代了一大堆工作，好不容易做完了上司交代的工作，你的肚子已經餓得快扁掉了。此時，善解人意的同事揮手道：「快來這裡，我們已經準備好吃的囉!」你一看，烤肉架上正擺著剛烤熟的食物。你會怎麼做？

A. 假惺惺地說：「沒關係，你們先拿!」
B. 太餓了，立刻將架上的食物一掃而空
C. 將架上的食物取走八成
D. 將架上的食物取走一半

測試結果

A 對於理財，你總是想到就嚷嚷，卻不見你真的採取行動。你自以為敗家指數不高，卻總是存不下什麼錢，原因就在於你太不注意錢的流向了。

B 你是一個對錢很敏感的人，很清楚錢的來源及流向。敗家指數低的你，不妨學習如何理財，而不是守著錢不動，為你的老年生活想想吧！

C 你是一個令理財白癡羨慕的人，在購買漂亮衣物的同時，存摺裡的數字仍然不減，這是因為你很懂得控制收支，並且對自己有一定的期許。

D 你是一個懂得存錢也捨得花錢的人。平常節省的你，很可能一次花掉大筆錢，令人不敢相信。這樣的你，敗家指數可以說是視心情而定。

☆ 【消費心理學：為什麼商品價格末位是「9」】

一個比整數稍低的價格，叫作「魔力價格」。

比如29.99美元這樣的價格，在心理上被劃入了20多美元的範圍，而30.00美元（或以上）的價格，則被看成是30多美元的東西。20多美元比30多美元感覺低得多。

金錢對你的誘惑力有多大？

　　如果讓你扮個鬼臉，你認為扮成什麼樣最能讓人害怕呢？

A. 慘白的臉

B. 冒綠光的眼睛

C. 吐著長舌頭

D. 七竅流血

測試結果

　　Ⓐ　你是個很有原則的人，所以任何金錢誘惑對你都沒有用。

　　你在性格特質上有陽光的一面，你覺得錢雖然

很重要，但是尊嚴更重要，所以任何讓你覺得尊嚴受到影響或是面子上掛不住的事情，你是絕對不會去做的。

B 你屬於見錢眼開的類型，你覺得天上掉下來的餡餅，不要白不要。

你認為不賺錢才是不道德的事情，如果金錢來誘惑你，你會認為這是天上掉下來的福氣，進而會緊緊抓住這個機會。

C 怕被騙的你，對金錢的誘惑會提高警覺並認真評估。

你可能是以前上過當，從以前的教訓中已經學會了冷靜，再加上你做事很謹慎，有人要騙你的時候，你就會提高警覺。

D 只要是合法的金錢誘惑，你都會想嘗試一下，不願錯失良機。

你覺得工作重要，賺錢同樣重要，不管多麼辛苦，你都會努力地去做。

10. 你的發財慾望有多強？

　　一個老人獨自站在高樓的窗前眺望窗外繁華的街道，你覺得他正在看什麼呢？

> A. 一對熱戀中的情侶
> B. 停在街道旁的名車
> C. 路旁高大茂密的樹
> D. 不停閃爍的紅綠燈

測試結果

　　A 你發財的慾望本來就不是很強烈，只是想想而已。

　　你樂觀開朗，交了許多朋友，不發財也不要緊，朋友也是一筆珍貴的財富。

B 財富是你畢生最大的追求。

你總是在憧憬豪華的生活，你有很好的理財觀念和能力，甚至會不擇手段。在追夢的路上一路走「好」！

C 你總把自己的發財夢控制在最近能夠實現的範圍內，所以你很少有驚喜，也很少會失望。

你腳踏實地，對待上司忠實而認真，將來會是個不錯的副手。

D 你很少做關於錢財的白日夢。

你是個規規矩矩的人，做事謹慎，絕對不會做一夜暴富的美夢。你想發大財很難，但是你可以做一些財會工作。

11. 你目前適合創業嗎？

　　熟睡的時候忽然被手機鈴聲吵醒，你會做出如何反應呢？

> A. 立即接電話
> B. 關機拒接
> C. 看電話號碼後再決定
> D. 不去理睬，繼續睡

測試結果

A 敏感的反應驗證了你「求機若渴」的心態，開創事業的機遇也隨之而來了，抓住時機迎接挑戰吧，但切記要具體問題具體分析，適時而動。

B 你不追逐名利，對自己的生活現狀比較滿意，對未來的憧憬是「過了今天再說」，忙碌的你不會因此而失去發財的機會，但真正屬於自己的事業還有待時日。

C 你是個穩妥的潛在生意人，能夠相時而動，把握有利時機，沉穩的你往往會在失意中有佳遇，並且此時還會有人大力扶持，記住：失敗不要氣餒，成功就要到來！

D 看來你確實太累啦，一直在為事業奔波，勞累的你遭遇了過多的失敗，致使你對未來失去了信心，調整心態，重新開始吧！在你重整旗鼓後不久，真正適合自己的創業時機就會到來。

☆ 【創業者易犯9個錯誤】

1. 最小化成本。
2. 僱傭熟悉和信任的人。
3. 買舊資產以降低成本。
4. 定價「合理」。
5. 在咨詢業務上省錢。
6. 把借錢看成是不得已的舉措。
7. 選一個熟悉你、和你有聯繫的銀行。
8. 自認清楚廣告的實際效用。
9. 過於熱衷於自己的產品或服務。

12. 你將是哪種億萬富翁？

你累了一天回到家推開門後，直覺中你養的那隻貓會有什麼動作反應？

A. 偷偷地躲起來

B. 舔自己的腳掌

C. 舉起腳來打招呼

D. 大跳霹靂舞

E. 乖乖地在睡覺

測試結果

Ⓐ 你是「勤儉摳門型」的億萬富翁，吃苦耐勞，凡事精打細算。你把吃苦當成吃補，內心深處有傳統的美德，把自己照顧好之後，開始經營，不會浪費任何一分錢。

B 你是「優質敗家型」的億萬富翁，懂得享受生活，花錢寵愛自己。

你非常自戀，會認為自己的錢花在自己身上、對自己好才有意義，否則錢只是個數字而已。

C 你是「熱心助人型」的億萬富翁，會熱心助人。你付出的時候，會感覺自己內心更富足。

D 你是「比爾‧蓋茲型」的億萬富翁，享受工作，會成為話題人物。

你認為不管是在工作上的成就，還是在心靈方面的成長，都可以拿出來，為人類的進步盡一份力。

E 你是「假鬼假怪型」的億萬富翁，有錢就開始想些新奇的事，甚至會想上太空。

你的鬼點子很多，而且當你有錢之後，就會想嘗試更多。

13. 你如何賺到更多的錢？

　　如果你是上班族，你最不能忍受坐在你對面的同事有什麼怪癖呢？

　　A. 老是東張西望的，真不知道有什麼可看的

　　B. 老愛臭美，照鏡子

　　C. 老是喜歡盯著你看，好像你臉上有東西

　　D. 特別愛在手上擺弄些小東西，反正他/她的手就
　　　　沒閒過

測試結果

A 其實吃苦耐勞的你可以多兼幾份差來賺錢，你非常能吃苦，你把吃苦當成吃補，能夠發展自己的專業或才華會讓你非常開心。

B 聰明又有頭腦的你可以多想點子為自己創造財富，你創意十足，而且非常靈敏，因此可以多多加強自己的創意，讓自己的點子變成金錢。

C 人際關係不錯的你可以跟朋友多探聽賺錢的門路，你平常人緣非常好，因此可以利用閒暇時間跟一些朋友聯絡，從中就可以發現不同的行業有不同的賺錢契機！

D 開始想過自己生活的你，認為快樂比賺錢重要，你知足常樂，覺得錢賺得夠用就好了，寧願多花一點時間讓自己享受樂趣。

14. 你有購物強迫症嗎？

某個紀念日，你的另一半送了你一條做工細緻的圍巾。那麼，你希望這個圍巾是？

> A. 不規則的形狀
> B. 一朵花的形狀
> C. 畫軸的形狀
> D. 普通的長方形
> E. 無所謂

測試結果

你的購物強迫症症狀非常明顯，基本上，只要是你看上眼的東西，你都會千方百計地弄到手。所以，一擲千金的事情你常常會去做。雖然這

樣的消費習慣經常讓你入不敷出，但你依舊不管，甚至靠東拼西湊借錢來過日子。患此症的根源是愛慕虛榮。

B 你的購物強迫症症狀一般。雖然，你也很有購物的慾望，但是往往在決定是否購買時，你會再想一想：這個東西是否划算？是否是性價比最高的？所以，你總是能用最實惠的價格買到自己需要的東西。

C 你是典型的名牌追逐者，你已經是購物強迫症的「資深」患者。通常，你只要看到新上市的名牌產品，就難以自拔地想要占有，就算把工資都花光，你也要把你喜歡的東西買到手。

D 你沒有購物強迫症。你重精神，輕物質，很少會為了物質而奢侈浪費。豁達的你，生活簡單而充實。你的快樂來自精神層面，從不貪戀物質。

E 你絕對不可能成為有購物強迫症的人。這根源於你的精打細算。你從不浪費，也不過度消費。如果你有買名牌的錢，你寧可存到銀行。

☆【生活中的三大心理常識】

1. 人在餓的時候愛亂花錢：在你感到飢餓時，最好不要輕易上街購物，因為飢餓會讓你更愛花錢！

2. 自言自語有益健康：研究發現讓傾訴者嘗試將煩惱自言自語，同樣能達到減輕壓力的作用。

3.「出點糗」心情更開朗：出點糗可能會提高你的被人嘲笑的「免疫力」。

15. 從吃魚看出你的理財觀

生猛海鮮上桌啦，擺在你面前的是一條大石斑魚，你趕快拿起筷子，想下手。可是，該從哪個地方下手呢？

A. 魚頭
B. 魚腹(中間)
C. 魚尾
D. 沒有特定地方，到處亂吃

測試結果

A 只要是你中意的東西，不到手就誓不罷休，屬於樂天派。平時雖有節省的習慣，卻仍會有大量採買的可能，不過，這種情形發生的頻率並不高，因為能讓你中意的東西，並不是很多。

B 你是百貨公司花車大減價中最受歡迎的盲目購物者，尤其對吃的、穿的更是一點也不吝嗇，只要喜歡就掏錢買，所以，常變成負債纍纍的可憐蟲。

C 你是標準的鐵公雞，即使買方便面都要考慮到底是買桶裝，還是買袋裝。你說，夠不夠小氣。

D 你是那種時常忙到三更半夜，卻仍做不出什麼事情的人。因為做事漫無目的，花錢的態度也很無所謂，所以，常把錢交給別人管理。

☆ 【如何跟孩子談錢】

在美國，理財教育被稱作「從3歲開始實現的幸福人生計劃」。理財專家建議，可以分3個階段培養孩子的理財意識。

7歲前，學習有關金錢的概念；7歲到12歲，開設孩子的活期帳戶，學習銀行是什麼，學習制定消費計劃；13歲到18歲，區分「需要」和「想要」，養成儲蓄習慣，瞭解投資。

16.

對你來說，存錢是一件快樂的事嗎？

假如你駕駛一輛轎車正要進入隧道，那麼過完隧道後，你覺得會是什麼風景呢？

A. 海邊
B. 楓樹林
C. 小村莊
D. 高山
E. 又一個隧道

測試結果

A 你是個很浪漫的人，對錢很不在意，只有在感覺需要錢時，才會加以儲蓄，所以存不住錢。

B 你知道如何運用金錢,也懂得儲蓄之道,不會任意花錢。對你來說儲蓄不是什麼快樂的事,也沒有太過麻煩,存錢只是生活中的一部分而已。

C 在你的觀念裡,錢是用來花的,而不是用來存的。對你來說存錢是件很痛苦的事。你有點愛慕虛榮,要特別注意,同時要改掉浪費的壞習慣。

D 你很會存錢,常在不知不覺中存了很多錢。你認為該花時就不該太吝嗇,但不用花的錢也不會花。

E 你對錢的感覺敏銳,理財投資的經驗很豐富,擅長在股票等上投資,這會讓你賺取很多的錢。

17.

你是否迷失在「錢途」裡？

度蜜月時，兩個人都還沉醉在甜蜜的新婚中，你
希望住進什麼樣的渡假套房，來享受你的新婚之夜呢？

A. 視野絕佳的小木屋

B. 有水床的情人套房

C. 可以豪賭的觀光飯店

D. 超豪華的總統套房

測試結果

你一臉純良的樣子，沒人會懷疑你的誠意，甚
至會不好意思欺負你。其實，你最擅長扮豬吃
老虎，如意算盤打得比對方還精呢。

B 你心腸太好，容易輕信別人，人家哭幾句窮就把你的心給哭軟了，不吃幾次虧你是不會覺醒的，最後恐怕整間公司都會被你拱手讓人了。

C 你具有冒險精神，勇於投入新開發的市場，會是商界的風雲人物。假如不幸估算錯誤了，你也輸得起，願意承擔一切責任。

D 生意就是生意，你喜歡立竿見影、乾脆俐落，猶豫拖拉絕不是你的作風。你認為信用在商業交往中是極其重要的，而堅持這一點也讓你受益匪淺。

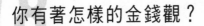
18. 你有著怎樣的金錢觀？

現在請回想一下，你刷牙的時候最符合下面哪種情況？

A. 一邊讓水龍頭開著一邊刷牙
B. 慢慢仔細地刷
C. 急速兩三下完事
D. 只漱漱口就完事

無論你對金錢持什麼觀點，你首先都要注意節約用水。根據你的刷牙習慣，你算得上視金錢如糞土，你沒有金錢觀念，花錢時大手大腳，

致使有時身無分文。如果你不是有巨額財富的富二代，就應該學會節儉了。

B 錢財對你來說十分重要，你不會浪費一分錢。但節約固然是好事，可為了必要的花費斤斤計較就顯得有點吝嗇了。透過你刷牙的表現可以看出你對錢有點神經質，一分一毫也不會馬虎，算得上有點摳門。

C 現代社會生活節奏不斷加快，因此你的行為是最常見的，而且像你這樣的人，對金錢有著最現實的觀念。根據你的情況，你不是浪費型，也不是摳門型，屬於一般型。

D 你如同一個賭博成癮而又貪心的賭徒。根據你刷牙時的表現可以看出你好大喜功又沉迷奢華，手裡有多少就花多少，舊債沒有還完，又添新債，繼續賭你的財運。

19. 你有賺大錢的命嗎？

如果你要和另外三個同伴共乘一部計程車，你通常會選擇哪一個座位？

A. 司機旁邊
B. 後排中間
C. 後排右邊
D. 後排左邊

測試結果

你是一位很理智的人，你懂得遵守市場規律，不會做出什麼錯誤的判斷。如果有一天你真的遇到了生意上的麻煩，你會理智地選擇放棄，再去重新尋找生意目標。

你也是個鎮定自若的人，你不會因一些突發事件而手忙腳亂，總之，你會在發財的路上放出光彩的。

B 也許你並不適合做生意，因為你有一顆脆弱的心，你無法承受生意中出現的危機，也無法去處理、化解這些矛盾。

你也許適合選擇一個穩定的工作，每月領取一份適當的薪資，過一種安詳、平和的生活。

C 你可能是家中的老大，你做事喜歡精心策劃與設計，你是一個細心的人，會在花錢之前，想到一切後果，你不會對突發事件毫無準備。如果你發現放棄可以減少損失，那麼你會義無反顧地放棄。

D 你是一個封閉自我的人，也很自以為是。也許你的固執會讓你在追求夢想時用盡全力，但你不能審時度勢。學會選擇放棄，也不失為明智之舉。

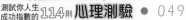

☆【擺脫你的窮忙人生】

1. 思考你想要的生活。

2. 明白你為誰工作。

3. 找到窮與富、忙與閒的平衡。

4. 你必須累積財富。

5. 適時控制慾望。

6. 清晰的人生規劃。

7. 持久的耐力。

8. 良好的人際關係。

9. 培養自己的業餘愛好。

10.不斷挑戰自己。

20. 你是天生的守財奴嗎？

假設你是一名間諜，一次不小心和同夥一起被抓。在嚴刑逼供下，警察告訴你同夥已經招認了，這時你會怎麼做？

A. 為了免受酷刑，招認了再說

B. 既然同夥已經招認，自己也沒有必要再隱瞞下去了

C. 堅信同夥不會招認，因此自己也堅決不招認

D. 同夥招認，與己無關，自己堅決不會招認

測試結果

A 你喜歡耍酷、炫耀，是個虛榮心極強的人。因此和朋友們在一起的時候，你的錢包就像破了個大洞，錢一直往外流，直到信用卡刷爆。因為這種性格，你常被人利用、欺騙，最後是人財兩空。

B 在生活中，你是那種很大方的人，因此也頗受朋友們的歡迎，但這樣做的結果是你常常陷入經濟困境，自己想要的東西，常常因為錢已經花在別處而無法得到。

C 其實你非常懂得控制自己的慾望，但有時候表現出來的卻是另外一種樣子。用個比喻來說，你現在正處於心理學上的「肛門期」，雖然已經到了不包尿布的年紀，但因為不會用廁所，總是拚命忍耐。

D 從嚴格意義上來說，你是一個典型的守財奴。因此，生活中朋友們總是對你敬而遠之。你只會賺錢，卻捨不得用，這樣到頭來受委屈的還是你自己。

☆【**無論你的月收入多少，記得分成6份**】

第1份，用來做生活費。

第2份，用來交朋友，堅持一年，你的朋友圈就會為你產生價值了。

第3份，用來感恩，每月給父母、愛人送一份禮物。

第4份，用來學習，每個月買一本好書讀。

第5份，用來投資，培養自己的財富意識。

第6份，用來儲蓄，穩存保底。

21. 選圖看你的漏財指數

以下這一組圖片，你第一眼看過去，會喜歡哪一張呢？

測試結果

A 在你的生活中不太會出現漏財的狀況，很有規劃的你，在金錢的使用上也很有想法。碰到跟情感相關的事時，你的金錢觀才會受到影響。

B 跟著大家亂投資是你漏財的主要原因！你總是在沒有瞭解狀況的情況下就去投資，所以你每次拿出來的資金都變成炮灰了！

C 只要是你喜歡的東西，預算無上限啊！更別說是存錢了。手邊有多少錢，就全部拿去買你認定中的好東西！

D 面子似乎是你漏財的最大問題，天性熱情的你，總是想讓大家都開心！下次在付錢的時候，可別搶著了，該為自己想一想了。

22. 你是個花錢理性的人嗎？

去咖啡廳小坐的時候，看到這樣的場景：一位女士坐在一個四人座位的咖啡桌旁，獨自喝著咖啡。她可能在等誰呢？以下幾種猜測，你認為最有可能是哪一種？

A. 老同學
B. 男朋友
C. 兩位女性
D. 前任男友
E. 沒在等任何人

測試結果

A 你是一個花錢理性的人，對自己的收入和支出有比較詳細的規劃，每一次逛商店都是有購買計劃才去，如果不在你的計劃之內，再動心的商品你也不會買。

B 你是個比較單純的人，性子直，沒有很多顧慮，對於你來說，讓你動心是最重要的，你會為你

喜歡的東西大掏腰包，你的購買理由是「因為我喜歡」。

C 你是個天生的樂天派，是個花錢不太有約束的人，認為今天花錢，明天再賺錢就是了，沒有什麼花錢計劃。

D 你花錢比較情緒化，高興的時候花，不高興的時候也花，總之，沒有理智的花錢計劃；如果情緒波動得厲害，到月底可能連吃飯的錢都沒有了。

E 你是個堅持自我的人，不太聽得進別人的意見，性格可能有些孤僻，花錢當然也沒有徵求他人意見的習慣。

☆【家庭支出的黃金比例】

1. 日常開支——30%：飲食，房租房貸，交通等。
2. 投資——30%：儲蓄，基金，股票等。
3. 奢侈消費——10%：娛樂，旅遊，朋友聚會等。
4. 子女教育、個人充電——15%。
5. 家庭備用金——15%：預留的計劃外支出，以備不時之需。

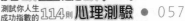

你會**致富**還是**致負**？
測試你人生成功指數的 **114**則 **心理測驗** ● 057 ●

23. 知道你能靠什麼方法發財嗎？

如果你有機會投胎轉世，你希望自己成為什麼動物？

A. 溫柔的小貓

B. 可愛的小狗

C. 自由飛翔的小鳥

D. 純良的小綿羊

E. 兇猛的獅子

A 你很有些偏財運。在工作上，也適合不走常規，出奇制勝。你很聰明，想法很多，但是你總是想想而已，卻不去行動。你這樣的性格，適合去做投資，記得用心去經營，去累積財富，才可能得到成功，發財致富。

B 你是比較穩重的人，基本不會一夜暴富。不過，你懂得節約。而且，通常你在工作中表現穩定，所以，老闆會認為你忠誠、本分，會考慮讓你升職加薪。你的勤勉和節約，會讓你累積一筆財富。

C 你的直覺很準，而且想法很有邏輯性，很容易看清楚市場的動態，投身資訊行業會讓你大有作為。不過，有天賦，也要下苦功夫去鑽研和學習，這樣才可能平步青雲，走上康莊大道。

D 你討厭工作，好吃懶做。你只是想過太平安逸的日子。所以，除非你家境很好，不愁生活，否則你的生活會充滿無奈。建議你還是趁著年輕好好賺錢，其實你一點都不比別人差，等到自己拼出成績再過安逸日子，這才是最好的選擇。

E 你很霸道，做事快、準、狠，判斷力驚人，你可以投資股票，炒房地產。不過，這樣的生意風險大，開銷不菲，需要你有一定的經濟基礎。要記得，成功後回饋社會，才能得到更大的發展。

☆ 【財富定理：從窮人到富人】

其實，窮人要變成富人，最大的困難是最初幾年。

有一則財富定律：

對白手起家的人來說，如第一個100萬元花費了10年時間，那麼，從100萬元到1000萬元，也許只需5年，再從1000萬元到1億元，只需3年就足夠了。

這告訴我們：開頭5年可能是最艱苦的日子，接下來會越做越有趣，且越容易。

24. 你缺錢的原因

有7個信封，顏色各不相同，憑直覺你認為哪一個信封裡會有一萬元呢？

A. 紅色

B. 綠色

C. 紫色

D. 藍色

E. 褐色

F. 黑色

G. 白色

測試結果

 你很愛面子，同時也很好強。對於你來說，千金可散，面子不可丟，而一旦多了幾次這樣的撐場面情景，你就會缺錢了。

B 你的內心深處非常善良，而且心很軟。如果親戚朋友有需要，你會毫不猶豫地盡己所能去幫助，所以你缺錢就是因為太講義氣、太善良。

C 什麼，對自己好一點也是錯？你往往不會苛刻對待自己，你覺得人生在世，如果自己都不對自己好點，那活著就更沒意思了。所以你通常按自己的想法來花錢，討得自己的歡心，然後荷包就扁了。

D 如果人沒有了夢想，跟一條鹹魚有什麼區別？你會為了理想而不顧一切，像獵犬一樣追求自己的目標。對你來說，為了夢想而散盡積蓄又有什麼呢。

E 你很保守，有錢的話，都會緊緊抓在手裡。但是，你對理財的理解，實在不太深刻，所以常常會因投資不當而缺錢。唯一會讓你透過投資獲得金錢的，就是好朋友的建議，為了信任把一筆錢投資下去。

F 你的慾望很強，再加上不服輸的個性，很容易為了爭一口氣而破財。如果你是女生，你經常會在商店裡看中一樣東西，因為售貨員態度不

好，就會立即刷卡買下。如果你是男生，你女朋友想買什麼，你也會立即買下，以表示自己有足夠的經濟實力。

G 你是很負責任的，特別是對於家庭重任，更是義不容辭地扛起。但是，當你為別人考慮得太多時，就會發現，錢是存不下來的，因為衣食住行等需要的費用實在不菲。

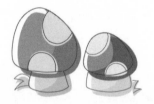

25. 到底是誰把你的銀子攔截走了？

你去參加一分鐘免費搶購活動，你會最先搶購什麼？

A. 離收銀台有點遠的手機
B. 離收銀台最近的巧克力
C. 在二樓的鑽戒
D. 離收銀台只有十步之遙的42吋液晶電視

測試結果

A 商場中的3C產品區是你流連的地方，看到最新推出的3C產品，你會十分心動。若是店家在商品上標一個五折的標籤，你的心情將更加激動。

B 美美地吃一頓可算是你人生中的一種享受，任何誘惑也不如美食那樣讓你無法抗拒。不管什麼口味，只要能滿足你的味蕾，你就不會放過。

C 你是個善於理財的人，賺錢的慾望非常強烈。聽到專家說看好未來的房市，你就躍躍欲試。看到隔壁的大嬸買股票賺了不少，你也羨慕不已。

D 你是個家庭觀念很重的人，對你而言擁有一個溫暖的家比什麼都重要。每個月的薪水，你大部分都貼補家用了。

☆ 【你為什麼存不了錢】

很少有人希望自己能當個窮人，於是我們嚮往財富。但存著錢不花，我們即使有錢，也依舊過得清苦，有人說，錢生不帶來死不帶去，就應該透過消費的方式轉化為生活質量的提升。於是，存錢和消費的拉鋸戰就開始了。

26. 你靠存錢就能發財嗎？

打電話時，你手握電話的動作是以下哪一種？

A. 用雙手牢牢握住話筒

B. 握著話筒中央

C. 一手握話筒，一手玩電話線

D. 握住話筒下方

A 你買任何東西都斤斤計較，賺10塊錢一定先存3塊起來，平時親戚借錢，一定說沒帶，也不會亂花錢，所以不要指望你會請別人吃飯，不過你將來一定能存大錢，不愁吃穿。

B 你是那種大手大腳慣了的人,有多少就會花多少,基本上沒有存錢的可能。

C 你對生活的態度比較平和,立足於現實,也願意享受生活,但是又會為未來打算,存錢的數量適中。

D 你比較獨立,能掌握自己的命運,知道自己的處境。你會很努力地賺錢,會投資理財,將來有希望成為富豪。

27. 你致富的關鍵是什麼？

　　一個人在郊區渡假，突然間心情不大好，這個時候你會給自己安排什麼活動來調節低落的情緒？

A. 一個人在郊外漫無目的地走，散心
B. 打電話叫朋友過來一塊兒烤肉開Party
C. 待在自己的房間裡抱著枕頭發呆

測試結果

A 你很重感情，以致於你可能會被朋友拉下水去投資一些明顯沒有回報的項目，或者是因為家人朋友的一些事情浪費自己的機會。

B 不要過分樂觀！你天生就是樂天派，有了個賺錢的主意就以為自己好像真的已經賺到了一樣，錢還沒賺到就盤算著怎麼花了。

C 你固執己見，這個特質為你帶來了更安全的財務規劃，也讓你錯失了一些發財的良機。另外，你想得多，執行力卻不夠。

28. 選擇錢包顏色要慎重

你喜歡什麼顏色的錢包？或者你正在使用什麼顏色的錢包？

A. 紅色

B. 藍色

C. 黑色

D. 咖啡色

E. 黃色

測試結果

Ⓐ 紅色代表赤字，也就是很容易把錢花光，無法存下錢，或者說會血本無歸。

B 藍色代表水，意思是錢會像水一樣流走，藍色也是一種不適合錢包的顏色。

C 黑色代表沉穩，可以守住錢財，不會輕易讓錢損失，尤其適合喜歡做一些小投資的人。

D 與黑色錢包有同樣的意思，只是力量沒有黑色錢包那麼強。

E 黃色同黃金、金錢。黃色、金色代表財氣，是最好的錢包顏色了。對於那些要做一些大的投資項目的人來說，金色錢包能助你一臂之力。

☆ 【從喜歡的顏色看男人的性格】

1. 喜歡紅色的男人，感情很熱烈，但脾氣稍顯暴躁。

2. 喜歡藍色的男人，喜歡獨處，不愛熱鬧。

3. 喜歡黃色的男人非常開朗單純，但也不免有些孩子氣。

4. 喜歡綠色的男人個性沉穩、有很好的品味，是典型的大眾情人。

5. 喜歡黑色的男人寡言少語，不是一個很好的談話對象，但是很穩重。

29. 什麼行業讓你撈金不斷？

你平日喜歡看什麼類型的雜誌？

A. 網路雜誌
B. 時尚雜誌
C. 餐飲雜誌
D. 理財雜誌

測試結果

A 不善於與人面對面溝通的你，從事網路電商行業最適合不過了，不但可以讓你靜下心來默默為事業奮鬥，而且每天與不同的人隔著螢幕溝通，你還能進一步加強自己的溝通能力，一箭雙鵰。

B 涉足服裝行業會讓你撈金不斷，你有一雙能夠發現美的眼睛，不會隨波逐流跟隨時尚，而是會引領潮流，把這項優勢放在事業上，你一定能大賺一筆。

C 涉足餐飲行業會讓你撈金不斷，你是一個沒有耐心的人，又想得到最快的回報，餐飲行業最適合不過了，驚人的回報會讓你充滿信心，越做越有勁，只要管理得好，一定能讓你賺個痛快。

D 涉足理財行業會讓你撈金不斷，正所謂你不理財，財不理你，理財投資是最能直接得到回報的，睿智的頭腦加上精準的眼光，你看中的投資項目會毫不猶豫地去做，這往往讓你得到驚人的回報。

30. 從處理借貸問題看你的金錢觀

一個和你過從甚密的朋友先前跟你借了一筆錢，到了許諾還錢的時候卻沒有還，不久他又來找你借錢，說過後會連以前的債一起清還，你會怎麼辦？

A. 催討前債，跟他翻臉
B. 要求對方清前債，否則免談
C. 先借給他吧，人家也有難處
D. 要求對方打借條，限期還錢

測試結果

A 錢是讓人與人敵對的最佳武器。如果你為了這筆錢而和對方翻臉，那麼你是一個很容易因錢而與人為敵的人。錢對你而言比友情來得實際。你把朋友定位在利益能夠互相支援上，一旦朋友之間不但沒辦法互相支援，反而拖累了你，這時你就會翻臉。

B 你是一個比較講求理性的人。在你的觀念中，借錢是建立在信用的基礎上。一筆債務清償，才表示一個人信用良好，然後才有下一次借貸。不過，你絕對地要求對方要按照你的意思來做，會得罪很多身不由己的朋友。

C 相信只要對方是真的有難處，而對方又擅長訴苦，且聲淚俱下，你不會拒絕對方的。因此，可以說你的防範意識不太強。雖然這樣比較不易得罪人，但你卻必須付出比別人更多的資源和利益。

D 你是一個希望情理分明的人。在你的觀念裡，朋友雖然有通財之義，但絕不能因錢而傷感情。為了自己的權益，也為了自己的人際關係，你將會有進一步訴訟催討的動作。你的權益有進一步的保障，也適當地減低了對方的敵對意識。

☆【親朋三原則】

不給親朋薦股，不向親朋借錢，不為親朋代客理財。股票和親朋不能混為一談，要建立防火牆，否則兩者都可能失去。

31. 由購房位置測理財能力

　　如果你打算買一間套房，但目前只有圖中的A至F可供選擇，你會喜歡哪一個位置呢？

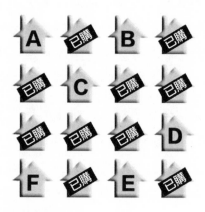

測試結果

A 衝動型

　　你是個不折不扣的衝動派，購物時完全是衝動戰勝理智，經常買一些用不著的東西，廣告及旁人的意見會影響你的決定。

B 野心型

你是一個野心家，最喜歡投機，這間套房你只是買來炒作的吧？手上只有1萬元，你也會無時無刻不想著如何將它滾成10萬元，有眼光的話，你自然會一本萬利，但失準的話小心得不償失。

C 穩健型

你比較節儉，相信辛苦得來的錢應該好好儲存，以備不時之需，你每天過著簡樸勤儉的生活。

D 理想型

你抱有理想，經常憧憬著美好的生活的降臨，希望可以有超級的享受。成功在於能否願意付出，一分耕耘，一分收穫，若沒有付出，又何來收成呢？

E 消極型

你是個容易因打擊而變得消極的人，如果是自己不能決定的事，不妨多聽取人家的意見，這或許對你有幫助，做人最怕沒有決斷力。

F 不濟型

最近你所做的事什麼都不濟嗎？人際關係不濟，工作進度不濟，不順心的事頻生，或許以下這

句話可以幫你：退一步海闊天空。停一停，認真想一想，或許是你沒有太多靜心思考的時間吧。

☆【樓層的高低會左右孩子的性格】

國外研究發現，住高層的寶寶較穩重、動作較慢，常充當旁觀者的角色；住低層的孩子愛活動、動作敏捷，常是積極的參與者。

對此心理學家指出，樓層的高低的確會對性格有一定影響，但不是決定因素。住在高層的家長，應多帶孩子到戶外活動。

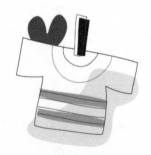

32. 面對金錢誘惑，你能抵住嗎？

　　萬聖節時朋友邀請你去參加化裝舞會，那麼你會主動打扮臉部的哪個部位呢？

A. 臉蛋

B. 嘴巴

C. 鼻子

D. 眼睛

　　你不容易被金錢誘惑。你的性格很陽光，可以很好地權衡金錢在生活中所處的位置。你內心有著明確的目標，會努力追求自己想要的生活境界，極少受到金錢的誘惑。

B 你比較容易被金錢所誘惑，只是還有著自己的底線，只要不做違法的事情，屬於一種合法的誘惑，你通常不會拒絕。但假如為了賺錢讓你去做超越底線的事情，你還是能夠理智地拒絕的。

C 你很難被金錢誘惑。你有著很高的警覺度，很少受騙上當。遇到金錢的誘惑時，一定會冷靜分析，認真評估。當確信沒有任何陷阱，也不會有什麼損失後，才有可能與金錢「親密接觸」。

D 你很容易被金錢誘惑。你很看重錢財，嚮往著成為一個有錢的人，過著富貴的生活。你會想盡辦法去賺錢，並不認為是什麼不道德的事情，遇到金錢來誘惑，你很難抵禦得住。

☆ 【便利店裡的陷阱】

1. 銷得最好的飲料放在最裡面：讓你多逛一會兒。
2. 相互關聯的物品要擺在一起：激發你的需要，讓你多買一點。
3. 收銀台前總會有零食：讓你買本來自己不想買的東西。

33. 測試你的理財能力如何

　　如果你在國外旅遊，逛當地的跳蚤市場時，你會買以下什麼物品呢？

> A. 相機
> B. 手工小地毯
> C. 金銀首飾
> D. 字畫或者工藝品

 測試結果

　　A 你不是很懂理財，但是你在購買東西的時候又很理智，你認為你所購買的東西都是具有價值的。這顯示你擁有不錯的品味，可以試著在收藏領域練習理財。這樣不僅能滿足你購物的慾望，還可以讓你購買的東西存在升值的空間。

B 你不懂理財，還特別能花錢。原因是你對人極好，很容易受到誤導。比如你去購物，別人多讚美你幾句，你就會不由自主地掏錢消費。你的消費觀念是感性的，你不會控制自己的花費。因此，適當學習理財，對你來說是相當必要的。

C 你有一些理財的想法。在你的觀念中，財富是個積少成多的過程。你不會亂花錢，會從各個方面節約，省下一些錢，但是這樣的速度太慢了。其實如果你懂得更多理財知識的話，你的財富會更迅速地累積。

D 你對理財的感覺就兩個字「頭暈」。基本上，你做什麼事情，都是為了完成自己的理想，而沒有什麼現實的考量。你不懂玩股票，期貨你又覺得風險大。你也很討厭天天看那些股票基金信息，所以你基本不會去理財。其實，你可以找一個可以信賴的人，幫你打點，那是再好不過的了。

34. 你是否適合出外發財？

小時候跟小朋友們玩過家家，你通常扮演的是什麼樣的角色？

A. 公證人

B. 旁白者

C. 一家之主

D. 被保護疼愛的那個

Ⓐ 你具有讓人尊敬的氣質，處事公正，深得人心，不管在哪裡，都能挖得屬於自己的一桶金，甚至帶動周圍的人發財致富。

B 對於所有人來說，你就是那麼個可有可無的人。主角可以自行扮演，用各種方法去代替你的存在。這也從側面給你的自信度帶來影響。

C 你從小就是朋友圈的核心人物，長大後也便有了領導的氣質。你的性格偏於大方，不會怕陌生的人以及陌生的地方，所以很適合外出發財。

D 對於你來說，外出發財簡直是不可能的。你是眾人疼愛的對象，楚楚可憐的樣子十分惹人心疼。所以你很適合在家裡開個小店，過簡單的生活。

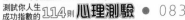

35. 你是個拜金主義者嗎？

如果你要買一個茶壺，你會選購以下三種款式中的哪一種？

A. 摩登型：有流行線條的現代感較強的茶壺
B. 傳統型：保守傳統樣的茶壺
C. 古典型：鑲有金邊配著艷麗花朵的茶壺

 測試結果

Ⓐ 你是一個很有智慧的人，當你學會如何控制消費的時候，你將不再追求物質的享受，會放棄拜金思想，成為一個做事效率很高的人。

B 你比較重視美食或與朋友相聚，在這方面的花費會比較多。你非常需要累積財富。在朋友的心目中，你是一個不折不扣的拜金主義者。

C 你需要別人的愛戴，別人對你的擁護可以讓你得到更多的快樂。金錢雖然不是萬能的，但你想擁有的一切都需要金錢去修飾。因此，你不得不成為一個拜金主義者。

☆ 【心理學：一組有趣的數字】

把A到Z這26個英文字母，與1到26的阿拉伯數字相對應。

Money=13+15+14+5+25=72，同理，Power=77，Knowledge=96。

看來金錢、權力、知識都不是人生的百分百。

再看它，Attitude=1+20+20+9+20+21+4+5=100！

對待金錢、權力和學習的態度，才是我們人生的百分百。

36. 你是哪種網購派？

如果和朋友在電影院看電影，旁邊有個人接電話接了很久，你會：

A. 猛咳嗽，以此提醒和警告對方
B. 故意和朋友聊劇情，干擾對方打電話
C. 直接跟接電話的人說
D. 繼續若無其事地看電影

測試結果

你屬於——猶豫感性派

總是貨比三家，還要找朋友商量。可是如果太容易動搖，不僅收穫甚微，而且也浪費時間。

你屬於——執著癡迷派

一有時間，你就會守在電腦前，著了魔般。你必須克制盲目性，獲取自己真正需要的東西才是重點。

C 你屬於——瘋狂衝動派

你是一個不會多做考慮的人，看中了就買。所以，有了網購，你就變得更加肆無忌憚了。要試著克制，以免浪費金錢。

D 你屬於——冷靜理性派

你總是抱著「知己知彼，百戰不殆」的態度，不熟悉的商品，你一般不會考慮網購。你這種理性的購物態度，值得學習。

☆ 【你是右腦型嗎】

心理學家凱倫對500個成年人測試後發現：喜歡用右腦思考的人，通常荷包較扁。因為用右腦思考者常壓抑不住衝動，他們活在當下，不能接受需要較長時間才能見收益的投資，這使得他們在理財方面犯下不少錯誤。

37. 從扔東西看出你的理財觀念

家裡要進行大掃除，你會先丟掉哪類物品？

A. 舊衣服

B. 體積過大的舊電器

C. 零零碎碎的東西

D. 舊書、舊雜誌

A　你賺錢的能力很強，可惜你的花錢能力更強，
你非常喜歡新鮮的事物，對已經到手的東西就
會不以為意，屬於很會敗家的類型。

B 你的理財觀念是衝動型的，常常買些用不著的裝飾品等，你又不善於另開財源，你需要一個善於管帳的人幫助你。

C 你買東西至少考慮三次以上，你是個開源節流並重的理財大師。

D 你從不亂花錢。美中不足的是，你較少思考開源的方法。

☆ 【東西總捨不得扔，這是「病」】

你有沒有這樣的習慣：小擺件、舊報紙甚至布條，哪怕幾年都沒用過了，但你堅信某天它們會有用，捨不得扔。

美國精神病學會研究顯示，患上「囤積強迫症」的人大腦會過度活躍，然後，就離潛伏或明顯的抑鬱症不遠了。唯一療法是經常進行揀選，該扔的就扔掉！

38. 你的致富之道

如果真的可以轉世投胎，你一定要當動物，閻羅讓你選，你會選擇什麼動物？

A. 貴賓狗

B. 波斯貓

C. 老鷹

D. 大象

E. 老虎

A 你平實穩重，懂得節流。在工作上你也屬於穩紮穩打型，會努力做好你分內的事，加上天生勤儉刻苦的本性，你也可以累積到一筆財富。

B 你腦筋靈活,加上你有一顆不怕死的心,不妨可以大膽去做投資。

C 你很有邏輯性,分析能力很強,也有敏銳的直覺,很容易就掌握市場的波動情況。多涉獵相關的書,多請教同業的前輩,等實力足夠何愁不能一飛沖天。

D 你本身不喜歡工作,也有點好吃懶做。想要過安逸的日子不是不可以,趁著年輕好好努力,你的底子不比別人差到哪裡去。

E 你很適合投機炒作。你的資訊管道一向暢通,侵略性也夠,加上你凡事快、狠、準的精確判斷力,不得不承認你很適合短線炒作。

39. 從旅遊看出你的花錢態度

　　如果你意外獲得一星期的休假，並且決定出去旅遊散心，你會選擇以下哪種交通工具呢？

A. 坐火車
B. 坐汽車
C. 步行
D. 搭遊艇

測試結果

　　你雖然不是斤斤計較的人，但是心裡永遠有一個算盤，會衡量收入和支出是否平衡，所以花錢時心裡也常常在盤算如何賺錢，很不錯嘛！

B 你是有規劃地花錢,如果今天賺了100元,你一定會先存50元,剩下的50元花用,而且還分配好10元吃飯、20元玩遊戲、5元買水喝……想不發財都難!

C 你用錢是步步為營,省一塊是一塊,若不是你眼前經濟狀況太窘迫,就是你太吝嗇了。不過倒是很佩服你如此吃苦耐勞,很少看到有人這麼「打拼」的。

D 只要你有錢花,根本不在乎花多少!你是典型的「今朝有酒今朝醉」,小心啊,你的錢財總是暴漲暴落的,還是為自己留條後路吧!

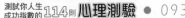

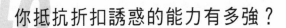

40. 你抵抗折扣誘惑的能力有多強？

　　某天下午你正在家中玩電腦遊戲，突然接到一個陌生的電話。你詢問了半天，對方都沒有出聲，但隱約能聽到對方的笑聲。此時你會怎麼做？

A. 直接將電話掛斷

B. 將對方臭罵一頓，然後掛斷電話

C. 「小妹，有妳的電話！」將問題推給他人

D. 改用免提方式接聽，繼續玩電腦遊戲，故意浪費對方的電話費

A　你在購物上比較理智，對於自己不需要的東西，無論多麼便宜，你都能完全抵住誘惑。若是看

到自己喜歡的商品在打折，你便會毫不猶豫地進行搶購。雖然折扣對你有不小的誘惑力，但你能做到花正確的錢買適合的東西。

B 你無法抵擋折扣的誘惑。每逢商場打折你都顯得非常激動，每回都會帶足資金，摩拳擦掌，做好要到商場裡和其他搶購者「搶奪」的準備。

C 看到商場內瘋狂打折，總是讓你有那麼一點點心動，雖然你總是勸說自己不要亂花錢，但你還是忍不住要帶著鈔票，到商場內拚一拚。最後的結果往往是，興高采烈地拿著「戰利品」回家，卻又後悔不已地數著錢。

D 對於購物你非常理智、謹慎，折扣在你看來都只是商家的一種行銷手段，對於消費者而言並不會有實質性的好處。所以，折扣對你來說沒有任何誘惑力。就算是免費搶購，你也會懷疑它的可信度。

41.

你的財富意識有多強？

你種下了一棵蘋果樹，然後你每天都悉心照顧它，希望它快點長高。那麼你心裡認為，你種下的這棵蘋果樹，一年後會怎麼樣呢？

A. 不知道
B. 夏天可以給大家帶來一片陰涼
C. 每個枝頭都開著迷人的花
D. 結出很多大蘋果

測試結果

你是個行動跟著感覺走的人，不願意聽從他人的意見，固執己見，自以為是。你具有強烈的金錢願望，但不是勤懇的人，因而追求的是脫離現實的夢想。你很會鑽牛角尖，從不瞻前顧後。

B 你具有很好的平衡感，偏重於邏輯式的思考。所以你會有大筆財產，而且是幾年時間節省下來的。你在想得到某種東西之前，都會冷靜地判斷自己的經濟能力。你不會勉強貸巨款購置房屋。

C 你是重視美和氣氛的浪漫主義者，總是強調感覺，或者是個人心情，所以你沒有很強的物慾，因此也不會刻意地去經營財產。你認為沒有必要買更好的房屋，只要有個住的地方就可以了。比起在郊外買幢別墅但必須遠離工作位置，你寧願在市中心租間公寓住。

D 你是一個典型的現實主義者。你認為付出就會有獲得，一切努力的結果，都是為立即可得到的利益。你對錢財很是重視，也會為此付出，但不要太貪婪。在經營財產上也表現出此種性格。你不會去買預售樓盤，即使它比較理想，而是會去購置馬上就能入住的現房。

42. 你的購物眼光如何？

七、八個朋友一起吃飯，說好平均分攤，服務員過來結帳時，計算結果是除了整數外，還有10塊錢要平攤，每人還要再掏一塊多零錢。這時，你的反應是什麼？

A. 既然說好平均分攤，那就平攤！立即把自己該出的那份零錢拿了出來

B. 一塊多？這麼複雜，大家怎麼辦我都無所謂，我直接拿出1.5塊

C. 真糾結！還要一塊幾毛地算，反正都是朋友，這10塊錢我出了

D. 飯局又不是我找的，怎麼會超出預算呢？少吃兩口可以買個手機鍊了

測試結果

你是都市生活家！平時你在金錢方面不想浪費一分，最善於購買各種日用品，了解每一種日

用品的價格，會貨比三家，做到儘量合算。你是個會過日子的購物專家！但是對朋友不要過於精打細算，因為人際關係是你的隱形財富！

B 哈哈，你就是常常不知錢花在哪裡的糊塗蟲！你對金錢一點也不執著，在付帳方面比較隨大溜，討厭拘泥於細節。購物要理智，不要看到雜誌上的宣傳廣告就信以為真，衝到商場把東西買下來。你該記記帳了！

C 你具有領導氣質，花錢那是相當的乾脆！這樣的你不會在購物上花費太多時間，但是會很快看上一件東西，然後毫不猶豫地迅速買下，容易衝動購物。你還是要量力而行，小心入不敷出！

D 在聚會、娛樂方面你通常比較被動，但是你對挑選物品很有眼光，又會算帳，在打折季堪稱掃貨高手。你一般不會亂花錢，但是也要小心在商場減價時一天花掉一個月的預算！

你會**致富**還是**致負**？
測試你人生成功指數的**114**則**心理測驗** ● 099 ●

43. 從泳裝看出她的金錢觀

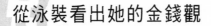

你們公司去海邊旅遊，你觀察過女同事的泳裝嗎？其實，透過泳裝可以看出一個人的財運。

A. 比基尼泳裝	B. 白色泳裝
C. 黑色泳裝	D. 紅色泳裝
E. 黃色泳裝	F. 藍色泳裝
G. 紫色泳裝	

測試結果

她屬於有自信的人，非常清楚男性的喜好是什麼。也就是說，她所選擇的泳裝的樣式，顯示出女性對男性的關心程度。

B 她自尊心強，討厭平凡。只要是自己喜歡或感興趣的東西，花再多錢，她都會想辦法得到。自然而然，她的金錢觀念不強。

C 選擇黑色泳裝的人如果不是極端的踏實派，就是十分醒目的類型。兩者的共同點是會儘量抑制浪費，具備踏實、合理的金錢觀念。

D 社交能力較強的她屬於不執著於金錢的類型，又是以自我為中心的性格，她做任何事情都希望隨心所欲，因此，金錢方面的糾紛大概也不會少。

E 非常能幹的她可以靠著一身的技術賺錢。如果她有一個大目標，那麼提起幹勁，她一定可以賺到很多錢。不過，她又是樂天派，也有散財的一面。

F 她相當重視人與人之間的關係，認為小氣、吝嗇是非常可恥的，因此，不會計較金錢，或是把錢掛在嘴上。

G 美感出色的她，喜歡不同於他人的做事方式，擁有極端的金錢觀念。既可能投注大把金錢，又可能把一個月的飲食費壓縮到很少。

44. 測測你的花錢觀

假設你進了一家古董店，裡面有4件物品你都很喜歡，可是礙於經濟能力，只能先買一種，你會選擇下列哪一種？

> A. 手槍
> B. 燭台
> C. 油燈
> D. 鬧鐘

測試結果

你認為金錢的重要性勝過一切，所以幾乎都不太花錢，在別人眼中你是個守財奴、小氣鬼。一毛不拔的金錢觀使你錯失了許多朋友。

B 你認為錢就是用來消費的，只要渴望擁有的東西就不會考慮金額的高低。如果不節制，養成大手大腳的習慣，將來想要收斂就難了！

C 你是個沒有什麼金錢觀念的人，有時可能會感覺金錢的重要而積極存錢，但3分鐘熱度過後馬上就放棄。如果你有錢，還是交由父母管理比較妥當。

D 你很有金錢觀念，每一分錢都會花在最有用的地方，理財意識很強，既不會過於吝嗇，又懂得花錢的藝術，是個能夠享受人生的聰明人。

☆【十二星座破財的罪魁禍首】

白羊座——健身		金牛座——投資	
雙子座——電話費		巨蟹座——家庭開銷	
獅子座——賭博		處女座——疏失	
天秤座——亂花錢		天蠍座——算命	
射手座——旅遊		摩羯座——蠻幹	
水瓶座——沒計劃		雙魚座——丟三落四	

45. 許願小動作會透露你的財運

假如你許願，願今年萬事如意，結果抽了一個大吉籤。如果要你把這個好籤繫在樹枝上，你會選以下哪個樹枝？

A. 儘量高的樹枝
B. 一伸手就勾得到的樹枝
C. 低矮的樹枝

測試結果

你屬於可自由創想的類型。如果你有合乎時宜的點子，很可能就會招來大財運。可你的點子若太脫離現實，就不易被人理解。

B 選擇這種高度的人，創意常無法脫離固定的形態，也可以說你是一個腦筋頗為頑固的人。通常你能做一般水準以上的工作，對自己的能力和感覺很有自信。

C 你對新的事物總是敬而遠之，因此，你與其從事憑著瞬間的創意來決勝負的工作，不如從事需分析、檢討過去的實績和經驗來做出判斷的工作。

46. 你被騙錢的可能性有多大？

你去山裡探險遇到大霧，這時出現一位仙子，祂
要送你一件東西幫你渡過難關，你會選擇什麼？

A. 鏡子

B. 柳丁

C. 蘋果

D. 小樹苗

你很好騙，因為心地善良又充滿愛心和同情心，
所以你很容易相信別人。遇到有心機或設下陷
阱的人，只要他們開口向你求救借錢，別管是

多麼莫名其妙的理由，你都會心軟，覺得對方很可憐。就這樣因為你的愛心，你被人利用了還渾然不覺呢！

B 你雖然對別人有一定的提防心理，但是也擁有一定的貪念，對於各種誘惑的抵抗力較弱，只要別人編織一個美好的故事就能把你吸引進去，真以為天上會有掉下來的禮物這種好事。一步一步地被人引誘，等到一轉身，才發現自己人財兩空。

C 你不太好騙，因為愈來愈機靈的你，會判斷對方的動機和狀況，最多只會被騙一些零用錢，或許是因為你曾經被人騙過了，看透了很多的騙術，所以在你的頭腦裡面，其實已經閃爍著各式各樣的騙術。想唬弄你，那還得去學學最新的騙術。

D 實在太難唬弄你了，因為愈來愈謹慎的你，覺得世界上除了自己，沒有人是值得信任的，想騙你比登天還難，所以任何詐騙集團來騙錢的時候，你都會覺得非常的好笑，心裡會想「我賺錢這麼辛苦，怎麼可能被你三言兩語就給騙走呢」。

47. 你會在什麼事情上浪費金錢？

假如你是個美麗的公主，不小心被壞人給抓去了，
你希望誰來救你？或者你認為誰才能救得了你呢？

A. 騎著白馬的王子
B. 高大魁梧的大力士
C. 會使用魔法的巫師
D. 機器戰警

測試結果

你比較容易將金錢浪費在化妝品和服裝上。你
挑選東西以外表為首選。你比較喜歡追著流行
跑，但其實對流行並沒有什麼眼光。

B 你容易將金錢浪費在健康、瘦身、美容等方面。你對這些東西幾乎沒有抵抗力,號稱「有益健康」「強健滋補」「美容養顏」的東西都能讓你乖乖地掏出錢來。

C 你比較容易將金錢浪費在美食和娛樂方面。令你覺得心情愉快或有滿足感的東西會讓你花起錢來毫不在乎。電影票、演唱會門票及各種運動裝備等都會令你一擲千金,雖然花費不少,但你認為是值得的。

D 你比較容易將金錢浪費在與教育有關的東西上。看到「XX學習快速入門」「XX百科全書」「XX精選集」等跟學習、教養扯上關係的東西,你就會很痛快地掏錢來買。

48. 你的創業之路，要怎麼面對？

在過生日的那天，你最想得到什麼禮物？

A. 一大束鮮花

B. 一輛好車

C. 一座豪宅

D. 一本好書

E. 以上皆非

 測試結果

A **不太適合獨立創業**

你樂觀，積極向上，浪漫，充滿活力，創業路
上的酸楚不會使你頹唐，雖然沒有十足的信心，
卻能激勵合夥人前行，不太適合獨立創業。

B 建議你獨立創業

你較前衛，個性鮮明，有主見，是創業路上的核心力量。透過努力能夠打拼出一片天地，但過度的自我意識往往造成共同創業者的不滿，單獨創業為佳。

C 有獨立創業的能力

你是個志向遠大的人，能夠不畏創業路上的艱辛，一點一滴耕耘自己的事業，面對成敗能屈能伸，並且具有超強的凝聚力，使員工能夠與你同舟共濟、開創事業。

D 在創業時總能把握住好時機

你沉著穩重、有勇有謀，創業中的你能夠具體問題具體分析，面對風險你會思慮再三，穩妥後才會投資，善於接受新事物的你卻不能把握住最好的時機。

E 是很不錯的實務者

你開拓性較強，是個很不錯的實務者，開創事業能獨闢蹊徑，搶占市場先機，但創業路上易布滿荊棘。忠告：遇到挫折千萬不要灰心，堅持下去終會成功。

☆ 【創業者每週要做12件事】

1. 瞄準一個方向。

2. 激勵團隊。

3. 傳播價值觀。

4. 至少75%的時間花在產品上。

5. 分析數據。

6. 強健體魄。

7. 吸取反饋建議。

8. 離開辦公室接觸真實世界。

9. 掌握現金流。

10. 站在投資人角度衡量自己的工作。

11. 保持快樂。

12. 熱愛你身邊的一切。

49. 三年後你會是富翁嗎？

　　如果你是大胖子，正在努力減肥，這時，你的朋友卻想請你吃大餐，你覺得他的心態是什麼？

A. 只是順便叫你吃飯，沒有什麼意思

B. 根本就是故意取笑你，看扁你

C. 逗你開心，希望你輕鬆面對減肥

D. 心疼你挨餓，減肥太辛苦

E. 考驗你減肥的意志力夠不夠

測試結果

A 你會默默地努力充實專業，三年後的你會衣食無憂。你的性格比較老實、單純，因此會默默地努力把自己分內的事情做好，因此在專業上也會努力地充實，雖然不會大富大貴，但是還是會因為專業而賺了很多的錢。

B 你太愛享受，三年後的你會淪落到靠跟親友借錢度日。你孩子氣十足，認為自己很開心，很好，而且心腸很好，耳根很軟。

C 你猛打猛拼的個性，讓你有機會在三年後邁入億萬富翁的行列。其實你傻人有傻福，覺得努力打拼就好了，執著一樣事情的時候會非常用心，而且吃苦當吃補。

D 你缺乏打拼的動力，三年後的你，還是只有這麼多錢。你比較安於現狀，你會品味你的人生，工作要合乎你的喜好。

E 你是個潛力無限的理財高手，三年後的你雖不會大富，卻也是個績優股。你的學習能力很強，判斷分析能力也強，因此很有機會成為績優股。

☆ 【未來三年拼四個字：整、借、學、變】

1. 整：資源整合。你能整合多少資源、多少管道，你就會得到多少財富。

2. 借：造船過河不如借船過河。趨勢，無法阻擋；抉擇，要有智慧。

3. 學：贏在學習，勝在改變。

4. 變：要想改變口袋，先要改變腦袋。這個社會正在淘汰有學歷但是沒有學習力和行動力的人！

50. 是什麼阻礙了你發財致富？

　　夜深人靜，寒風凜冽，你剛與戀人分手，再加上工作不如意，彷彿一切不幸都降臨在你的身上。你無奈地走到公園呆坐，但有一些不大順眼的事（人）物出現在你的眼前，使你更添惆悵。假如你可以讓下面四項中的一項從你眼前消失，你會選擇哪一項？

A. 花壇

B. 鞦韆

C. 狗

D. 小男孩

測試結果

A 你是個不易把心事吐露給別人的人，多和別人
溝通會有助於你發財。

B 你是個心直口快的人，想說什麼就說什麼，因
此很容易得罪人，這會阻礙你發財。

C 你是一個大而化之的人，不會很細心地為別人
設想，因此別人會覺得你有點自私，請多原諒
別人一點。這會對你發財有幫助。

D 你在別人面前總是隱藏自己的本意，並且太在
乎別人對你的看法，請多表現真正的自己。這
將有助於你發財。

51. 你適合投資股票嗎？

他/她看上了一件很貴的衣服，想買，但是再過一個月便是十一假期，商店可能會有打折活動，你會怎麼做？

A. 說服他/她一個月後買會更便宜
B. 討他/她歡心，二話不說就買下來
C. 太貴了，不買

測試結果

A 你很適合投資股票，你能審時度勢地判斷什麼時候花錢能取得利益最大化。

B 你不適合進行股票投資，因為憑一時興起做事是炒股大忌，你應該考慮得更為慎重些。

C 你有投資股票的潛力，須知金錢是賺來的而不是省來的，在現實中多多學習，你可能會做得很好。

52. 你有可能成為商業大亨嗎？

如果和戀人共渡假日，你們來到了一個美麗的城市，有以下三種旅館，你會選擇哪一種呢？

A. 住風景區賓館浪漫的情人專屬套房
B. 住格局簡單、頗有風味的木製小客棧
C. 住酒店豪華總統套房

測試結果

A 過於心軟的你恐怕不太適合在商戰中做挑大梁的人物，聰明能幹的你雖然知道該怎麼做，但是你太喜歡站在別人的立場上考慮，面對商戰的嚴酷，關鍵時刻你依舊很難狠下心腸，所以你還是比較適合做高級助理。

B 「扮豬吃老虎」簡直就是你的寫照，看起來一臉善良淳樸的你其實心裡的算盤精到不行，你的撒手鐧就是能夠讓對方輕視你，對你不加防

備，阻力少了，你自然容易得勝，不過商場爭
鬥不是自己打自己的算盤就可以占盡商機的，
該有魄力的時候還是要敢於展露鋒芒。

C 行事乾淨利落又務實的你很有商業大家的風範，
若自己多加培養，一定能闖出一番事業。你很
善於區分事情的輕重緩急，很有原則性，頗有
魄力，凡事喜歡大手筆，敢於突破，也很注重
長遠利益。不過在很多人心目中可能會覺得你
沒有人情味，要知道，水能載舟，亦能覆舟。

53. 你有沒有名牌免疫力？

許多藝術家為人物留下記錄，讓後代的人帶著崇敬的心情去欣賞，下列哪一件藝術品是你眼中永不褪色的？

A. 達文西的《蒙娜麗莎的微笑》
B. 米開朗基羅的《大衛》雕像
C. 《梵谷自畫像》
D. 《維納斯的誕生》

測試結果

A 你的觀望時間比較長，因為考量價位的關係，絕不會衝動行事。你會四方探聽，到處比價，認定此物能夠提升你的個人身分，且具有實用價值，才會購買。

B 你心中對名牌會有一種莫名其妙的抗拒，你認為名牌貨雖然是貴族與精英分子的象徵，可是再怎麼稀有，也還是多少讓人覺得俗氣。

C 你買產品會精挑細選,只要符合你的品味,你就會成為最忠誠的顧客。你認為自己是在跟設計師交朋友,或是在表明態度,自己認同某種品牌的文化。

D 仔細翻翻你身邊,一定可以馬上翻出一箱名牌貨。也不純粹是因為你迷戀名牌,而是那些東西真的物有所值,高檔貨絕對值得花那麼多錢。

☆【銷售的境界】

1. 顧客要的不是便宜,要的是感覺占了便宜。
2. 不要與顧客爭論價格,要與顧客討論價值。
3. 沒有不對的客戶,只有不夠好的服務。
4. 賣什麼不重要,重要的是怎麼賣。
5. 沒有最好的產品,只有最合適的產品。
6. 沒有賣不出的貨,只有賣不出貨的人。
7. 成功不是因為快,而是因為有方法。

54. 你會有什麼橫財運呢？

　　一把鑰匙掉落在水池附近，當你在尋找它時，請
發揮你的想像力，猜想一下它是由下列哪種材料製成
的：

A. 鐵
B. 木
C. 金
D. 銀
E. 銅

測試結果

Ａ　你是一個非常現實的人。很少做無謂的空想，
用常人的思維方式思考和處理問題，與周圍的

人相處得很和諧，不惹是生非。但現在的你可能正處於財富低谷。

B 你的內心似乎暗藏著對現實生活的不滿，或者是覺得非常疲倦。感覺做任何事都比較麻煩，缺乏嘗試新事物的衝勁。

現在的你正渴望依附在強人身上。沒什麼橫財運。

C 現在你的橫財運非常旺盛，在你的周圍充滿著機會，可以使你實現夢想，得到收穫。而且新事物也會接連不斷帶給你好運。

D 你面對問題仔細思考後，可以馬上做出反應，是運用智慧找出合理解決方案的人。

你在接受對方的意見時態度非常謹慎，因此考慮接受對方的求婚或是向對方示愛，目前是最適當的時機。此外你的橫財運也非常盛，有致富的可能性。

E 你是超級自信家，能力突出，可以俐落地處理事情。但是面對討厭的東西時，即使是上司或長輩的叮嚀、命令，你也是充耳不聞，因為你認為自己才是最主要的。

目前正是你放手一搏、嘗試新事物的最好時機。
橫財運較盛。

☆ 【讓你看透人生的7句話】

1. 過去的不再回來，回來的不再完美。

2. 如果不堅強，懦弱給誰看？

3. 帶著複雜的心情，看複雜的人生，走複雜的路。

4. 用無所謂的態度，過好隨遇而安的生活。

5. 偶爾回憶過去，讓你覺得你的人生在退步。

6. 期待、等待、失敗，人生就是那麼糾結。

7. 不是你不合適，而是他更適合。

55. 你這一生是富翁命嗎?

有位穿著奇裝異服開著名車的男子,突然在你面前停車,似乎要對你說什麼,憑你的直覺,這位男子的身分是?

A. 劫匪

B. 藝術家

C. 高官

D. 失戀人士

E. 富翁

F. 魔術師

測試結果

A 你賺錢的慾望很強烈，會為了賺錢而不擇手段，經常鋌而走險。你有輕微的拜金主義傾向，其實金錢並不是生命的全部，快樂才是最重要的。

B 你對錢的慾望不是很強烈，你認為快樂和有目標的人生更有意義。你喜歡做自己想做的事，喜歡自由自在的人生。你會把興趣當工作，從中得到快樂。

C 你是個非常現實的人，同時也非常低調，你不會向他人展露你對金錢的野心，喜歡在背後默默操縱金錢，別人很難看出你的野心。

D 你對金錢的慾望不強烈，與其他人相比，你的日子過得很輕鬆，因為你無須為那些雜事而煩惱，反而能擠出更多的時間去享受人生。

E 你是一個拜金主義者，時刻會想著如何發財和賺錢。你有很好的理財頭腦，懂得如何去賺錢，不過有時你會為了致富而不擇手段。

F 你是喜歡及時行樂的人，儘管你很會賺錢，但花錢的速度也相當快。你應該學會如何理財和存錢，別總是把錢花在不該花的地方，以免日後變成「負」翁。

56. 你的發財計劃是什麼？

　　向朋友要了一株樹苗，種在花園裡。在你的想像中，它在幾年後會長成什麼樣子？

A. 開著花的樹
B. 結滿果實的樹
C. 茂盛的樹
D. 枯死了

測試結果

A 你是重視美形、美感與美的情調的唯美派。你清心寡慾、不貪婪，對家財多寡不太在意。對於生財，自然沒有什麼周密的計劃了。

B 你是「物」欲熏心、錙銖必較的現實主義者。在生財方法上，也無長遠計劃，善於搶短線、謀取眼前利益！小心哦，你目前的財運，可不一定能走到最後喲！

C 你穩健、務實，是理智的論理派。你穩紮穩打，計劃周詳，不冒險，不躁進，不做寅吃卯糧的事！最後的贏家就是你哦。

D 你憑直覺行動，不請示，不磋商，好一意孤行。你對金錢慾望存焉，但不思努力，只做一擲千金的大夢，提醒你一下，天上掉下禮物的事情可不是那麼容易就有的哦。

57. 你的錢為什麼不夠用？

你撿到一個小皮包，你認為裡面會有什麼？

A. 不少現金和信用卡

B. 少量現金和化妝品

C. 現金、手機和鑰匙

D. 什麼都沒有

 測試結果

你的錢明明夠用，可你還是會對錢沒有安全感。
其實你已經很會賺錢了，而且也在很用心地賺
錢，可是你內心深處永遠沒有安全感，因為你
擔心的事情實在太多了。

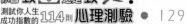
B 沒生意頭腦的你由於耳根太軟，錢比較容易被人騙。你的心非常軟，再加上很容易相信別人，所以要多加小心，要把錢看緊一點兒，不要輕易相信別人。

C 你總是覺得賺錢的目的就是要讓自己和家人生活得更好，花錢就是享受生活，家人也應該一起享這個福，因此你會賺得越多花得越多。

D 你的個性很隨和，而且對於賺錢的事不夠積極，應該改變這種態度，不要妄想錢會從天上掉下來，再這樣下去你的處境可能會更慘。

58. 哪裡能挖到你的第一桶金？

你看到一個昂貴的皮包，原價大概是你三個月的薪水，因為過季，它現在正在打折處理，你會？

A. 回去猶豫幾天
B. 太貴了，不買!
C. 有便宜不占等於吃虧，買!

A　網路上賺錢的行業實在是太多了，開網店、從事網站設計等都不錯哦，而且更重要的是，從事網路職業並不影響你現在的工作，你可以在沒有危機感的情況下去慢慢挖自己的第一桶金。

B 你是一個不善於和外界打交道的人，對於你來說，與其主動出擊，冒著較大失敗的風險，倒不如穩妥一點，選擇保守性的事情來做，要知道節約和儲蓄也是可以挖到金的。或許你的第一桶金就在那裡哦。

C 股票、基金等投資性活動。不要抱怨現在社會給年輕人的賺錢機會少得可憐，其實機會就在你身邊，就看你會不會把握了。股票、基金風險大，回報也高，只要你動動腦筋多鑽研一下，你的第一桶金就到手了。

59. 你具有百萬富翁的潛質嗎?

如果你搭乘現代的諾亞方舟,最後剩下以下6種動物,你會讓誰搭乘?

A. 馬

B. 兔子

C. 鹿

D. 綿羊

E. 雞

F. 豬

測試結果

馬象徵「自我和虛榮心」。你有相當大的野心和夢想,希望受到大家的注意與認同。對服飾穿著的要求較高,喜歡亮麗流行的物品。

B 兔子象徵「單純與愛情」。你是以家庭為重、具有女性溫柔的人。你最討厭的事是和人糾纏、爭吵。你無法將自己的情意傳達給你喜歡的人，這是你的缺點。

C 鹿象徵「努力和謙虛」。你將自己和別人分得很清楚，只會在既定範圍內努力，而且希望只被特定的人喜歡，不願被多數人喜歡。

D 綿羊象徵「順從」。你是個溫柔、體貼，充滿愛心的人，很重視比自己年長及可以信賴的人，你可以為他們奉獻。

E 你總是無法看清別人，應該多和各種人接觸，不要用冷淡的態度拒絕一切。請擴大視野，注意身旁的機會，不要讓內心與行為背道而馳。

F 你是不是一直說自己很差，哪方面都不優秀呢？以後不要再說那種話了。只是，不太瞭解你的人，也許會認為你有點膚淺、輕率或太過於八面玲瓏了。

60. 你是一名理性的投資者嗎？

開始工作後領到的第一份薪水，你會如何分配？

> A. 花一些存一些
> B. 沒計劃地花光
> C. 有計劃地花光
> D. 隨便吧

測試結果

A 你是一位現實主義者，做事於人於己都會留有相當大的餘地，你不願承受太大的投資風險，又不願失去大好的創業機會，因此，事業相對平穩，發展也隨之緩慢。

B 你的企業發展易造成「經濟泡沫」，不能統籌規劃理性投資，易隨波逐流，不過你是非常精明的人，善於把握商機，尋找一位超強的投資專家為合夥人，相信成功就會屬於你。

C 你膽大心細，做事有目的性，是位理財高手。面對商機能夠看準形勢全力出擊，企業運作資金相對較多，大投入、大產出，加之成功的管理，你的企業發展會更加迅猛。

D 你對目前的創業投資沒有清晰的規劃，因為現狀對你有利，所以你不用過多顧及以後的發展會怎樣，建議應該制定合理的企業投資方案，這樣才能健康長足發展。

☆ 【投資的逆向思維】

在投資過程中，投資者要有逆向思維。別人貪婪時我恐懼，別人恐懼時我貪婪，頂級投資大師如巴菲特、鄧普頓等都遵循這一原則。

投資者要學會判斷貪婪與恐懼將要轉化的臨界點，這才是最關鍵的，只有具備有效的判斷，才可能實現盈利。道理（口號）是浮雲，效用（盈利）最實在。

2

高情商將讓你成就一生

高智商不一定成功，而高情商則一定會成功。一個智商高的人在做數學題的時候也許好用，但是在現實世界裡並不看你能做對幾道智力測試題，考試考了多少分，看的是你的意志力、觀察力、決斷力、反應力、創造力……面對成功，你準備好迎接挑戰了嗎？

01. 你的致命弱點是什麼？

知己知彼，方能百戰百勝。如果你還不知道你的致命弱點是什麼的話，就趕緊做下面的測試吧：你最討厭以下哪一種人呢？

A. 不修邊幅的人
B. 口是心非的人
C. 不可一世的人
D. 不自量力的人
E. 攀龍附鳳的人

測試結果

A 你做事過分注重程序，總要求自己或下屬在細節上力求完美，不但令身邊的人大感壓力，而且處事欠缺彈性，往往要花很大心力才能完成事情。

B 你不太懂得表達自己，總是說不清內心的宏圖大計，有時被派去做不合理的事情，也只會死忍或默默去做！

C 謙虛是你的長處，但也是缺點，所謂職場如戰場，過分謙虛會讓同事覺得太虛偽，令上司錯以為你無勇氣無擔當，又怎會跟你好好合作或對你委以重任呢！

D 遇到難題時，你總是太容易放棄！但是有些事要多嘗試才會成功，未試過就放棄，你和你的團隊又怎麼可能進步？

E 你很清高且有點自傲，不屑借助他人的權力上位，甚至會跟有勢力的人士劃清界限以避嫌疑，但這只會讓你更難成功！

☆ 【人性的弱點】

1. 勇敢的人，容易被激怒。
2. 貪婪的人，容易被收買。
3. 暴躁的人，容易被拖垮。
4. 仁慈的人，容易被困擾。
5. 機智的人，容易被窘迫。

6. 誠實的人，容易被蒙蔽。

7. 懦弱的人，容易被欺騙。

8. 廉潔而不知施惠的人，容易被侮辱。

9. 堅韌而剛愎自用的人，容易被利用。

02. 你處理危機的能力怎麼樣？

和朋友去KTV唱歌，雖然不太會唱，但還是想：好吧，既然來了，就試著唱唱看吧！你點了一首歌，沒想到這首歌唱到一半就唱不下去了。這時你會怎麼辦呢？

A. 堅持唱到最後
B. 邊解釋邊唱
C. 馬上給會唱的人接著唱
D. 切換成別的首歌曲

測試結果

A 遇到緊急狀況時，你會獨自一人扛起全部的責任，獨立去處理問題，不會把責任推給他人。挺身面對困難的態度雖然很英勇，但是卻有其頑固的一面。

B 當發生麻煩時，你會立刻拜託他人，自己無法冷靜地做出妥善處理。這樣的你雖然老是讓周

圍的人擔心，但幸好你還算堅強，能夠很快振作起來。

C 你外表看起來很堅強，但實際上卻是個脆弱的人。一旦發生事情，雖然心裡想著要靠自己的力量來處理，但是結果通常都是不了了之。

D 你是一個無論如何都會先保住自己面子的人，不管發生什麼事情，你首先考慮的是自尊。因為自尊心過強，你寧死也不願意讓自己下不了台，即使因此而傷害他人也在所不惜。

☆ **【面對狀況的6種態度】**

1. 應答上司交代的工作：我立即去辦。

2. 傳遞壞消息時：我們似乎碰到一些情況。

3. 表現團隊精神：XX的主意真不錯！

4. 如果你不知道某件事：讓我再認真地想一想，晚一點再答覆您好嗎？

5. 請同事幫忙：這個策劃沒有你真的不行啊！

6. 面對批評：謝謝你告訴我，我會仔細考慮你的建議。

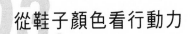
03. 從鞋子顏色看行動力

假日的早晨,上司忽然叫你把資料送到公司,那麼你會穿哪雙顏色的鞋子去公司?

A. 紅色
B. 藍色
C. 黃色
D. 綠色
E. 黑色

測試結果

A 你屬於行動派。無論任何事,在思考之前,你已付諸行動。你在任何行動中都喜歡大張旗鼓,有時候太過性急,反而導致失敗,所以應該學會冷靜。

B 你雖然稱不上行動派,但所採取的行動都頗有效率。你具有洞察力,不會因漫無目的的行動而導致失敗。能夠掌握時機有效率行動,這就是你的作風。

C 你對自己喜歡的事很富有行動力,面對工作卻拖拖拉拉。對你來說,做任何事都應該抱有「玩」的心態,對自己實在提不起興趣的事就根本不要去做。

D 你並不富有行動力,但困境卻可以激發你無窮的幹勁。這種幹勁不僅在自己面臨困境時可以發揮,更可以解救他人的危機,所以你在朋友間非常受歡迎。

E 你與「行動力」這三個字根本無緣。無論做任何事都「懶得動」,如果有人能夠代替自己,就盡可能讓別人去做,總之是很怕麻煩的人。這種個性會讓幸福與你擦肩而過。

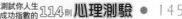
04. 你的危機意識處於哪種程度？

一頭牛從牛舍裡出來吃草，憑你的直覺判斷，牠將走到哪一處覓食？

A. 山腳下

B. 大樹下

C. 河流旁

D. 農舍柵欄旁

你的危機意識很強，甚至有點杞人憂天。也許原本很容易的事，但被你天天惦念著，久而久之也就變困難了。放開心胸，天塌下來還有高個子頂著呢！

B 你屬於那種高唱「快樂得不得了」的人，一天到晚無憂無慮，你認為「船到橋頭自然直」，沒什麼好怕的。如此樂天知命，天底下像你這麼樂觀的人恐怕已經不多了。

C 你大腦有點短路哦！成天迷迷糊糊的，記性又不好，總是要別人提醒你才會有危機意識，但是一會兒後，又完全不記得了。

D 你是很有危機意識的，連跟你在一起的人也被你強迫一起具有「危機意識」，有點不尊重對方的想法！不過你所擔心的事的確有值得擔心的地方。也就是說，你沒事瞎緊張，反而常常未雨綢繆。

☆【人生的三大陷阱】

1. 大意──意外和明天不知道哪個會先來。沒有危機意識是最大危機，滿足現狀是人生的最大陷阱。

2. 輕信──輕易相信別人，就像一隻傻狗，別人隨便扔了一塊石頭就急忙跑去撿。不要把生命浪費在容易後悔的地方。

3. 貪婪──貪婪與恐懼是同一問題的兩面，過度貪婪是邪念的土壤和卑鄙的橋梁。

05.

從美髮看你的權力慾

在美髮師造型之前，你會如何與之溝通你想要的髮型？

A. 拿一張明星或模特兒照片請他照著弄

B. 一切由美髮師拿主意

C. 拿一堆雜誌給美髮師看，請他做決定

D. 口頭說明要修剪的輪廓

測試結果

你不是很有安全感，甚至有點沒自信，所以一旦大權落在你身上，你會小心維護，拼著老命也不願把權力外放給其他人，寧願讓自己累得

半死；除非你無能為力、撐不下去了，否則旁
人很難得到你的授權。

B 你把人際關係中的親疏遠近分得很清楚，若想
從你這裡分到權力的一杯羹，必須先得到你一
定程度的信任，甚至成為你最親近的夥伴；至
於和你不熟的人，若想要讓你將大權下放給他，
可以說是比登天還難。

C 不知你是真的好說話，還是天生個性比較柔弱，
對於別人你大多會言聽計從，常常動搖自己原
先的想法，於是原本你所計劃的一切，很可能
都變成了別人的主意，甚至主導權也不知不覺
地落入別人的手中。

D 你的喜好頗為明顯，對於自己很感興趣的事物，
會不自覺地想擁有控制權，以利於全心投入，
而旁人也無從干涉；但是如果是自己沒興趣的
事物，你就會一副事不關己的樣子，只要把自
己分內的事情完成就好，不會多管其他的事。

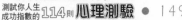

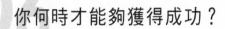

06. 你何時才能夠獲得成功？

　　假如現在你被關在一個密室裡，在你眼前有一顆定時炸彈即將引爆。你盯著炸彈上的數字直發抖，憑直覺你認為還剩下幾分鐘炸彈就會爆炸？

　　A. 10分鐘之內
　　B. 11到25分鐘
　　C. 26到40分鐘
　　D. 40分鐘以上

測試結果

　　你的才能在3年之內將會出現，而且是在你完全沒有心理準備的情況下突然出現。你不妨試著

挑戰那些你認為搞不定的事，事情的結果將會
嚇你自己一跳的。

B 你的才能將在不久的將來（3～7年之間）出現。
你要一直堅持做你有興趣的事情，總有一天，
你會比別人更上一層樓。所以若是現在還沒有
成功，請不要氣餒，繼續努力。

C 你還需要一點時間才能才會出現。約10年後，
是你最有希望的時候。而且在此之前，你會經
歷一次很大的轉變，多多拓展你的人脈，將會
對你有所幫助。

D 你屬於大器晚成型。你需要10年以上的時間，
才能才會出現。
把年輕時所得來的經驗累積起來，將是你日後
一筆龐大的財產。建議你有機會多看看書，多
和人接觸、交往，將會無往不利。

07. 看圖測你能否平步青雲

　　請看這幅圖，你認為雲朵停到哪一處，畫面才夠完美？

A. 與A相近

B. 與B相近

C. 與C相近

D. 與D相近

A 你把第一作為自己的事業或人生目標，能夠處於主宰地位對你來講有著巨大的吸引力。

但是你常常忽略了在到達人生目標之前需要付出的辛苦和努力，所以未來能否發跡還是一個未知數。

B 你在工作中常常保持堅定的信念，一定要居於首位的強烈意念主導著你的生活與工作模式。

你深知到達目標必須付出艱辛的努力，所以會不斷地汲取新的經驗。你的未來成就是充分讓人期待的！

C 雖然你對眼前的一些煩瑣細小的事情仍會竭盡全力，可是你會經常向周圍人傳遞「將來的事情沒有必要也不願去考慮」「比起事業和未來的成就我更願意為了興趣愛好而生活」的心理信息。

是你早已為自己設定了能力界限，還是對未來的成就和事業上的晉陞已經放棄了？

D 你的性情有些不安定，雖然一直在尋找適合自己的職業，但是你很難在一個固定的工作位置停留。

也許你豐富的想像力已經畫好了一幅鮮明的圖畫：很快便會取得輝煌的成就。但是一碰到真正的困難，你的動力就馬上喪失了。然而，自尊又不允許你承認自己在躲避困難，因此，轉換新的職業方向或工作場合，便成了挽救面子的策略。

08. 你離上流社會有多遠？

如果你是一個美麗的公主，你心愛的王子被巫師
變成了一隻青蛙，那麼你覺得要親吻青蛙哪裡才能解
開咒語？

A. 青蛙的腳丫子

B. 青蛙的舌頭

C. 青蛙的大肚子

D. 青蛙的嘴巴

E. 青蛙的眼皮

測試結果

A 你會努力讓自己更專業，有朝一日會因為才華而打入上流社會。這種類型的人屬於高標準的人，對自己要求很高。

B 你超會裝樣子，讓人家覺得你是上流社會的一員。這種類型的人生活比較多姿多彩，你覺得生活就像連續劇一樣精采，個性很開朗也很直率，想說什麼就說什麼。

C 你的言行舉止已經不自覺地散發出上流社會的氣質了。這種類型的人很有自信，自信的時候會散發出上流社會的氣質。

D 你努力賺錢，就有機會成為上流社會的成員。這種類型的人非常愛錢，千萬不可以沒有錢，進入上流社會當然要有錢。

E 你要進入上流社會的機會非常的低，除非有奇蹟出現。這種類型的人有極端性的人格，有一部分的人想要進入上流社會，另一部分的人認為精神生活更重要。

☆ 【決定你前途的12種能力】

1. 逆向思維能力。

2. 換位思考能力。

3. 總結能力。

4. 文字書寫能力。

5. 訊息搜集能力。

6. 靈活處理問題的能力。

7. 目標調整能力。

8. 自我安慰能力。

9. 溝通能力。

10. 企業文化的適應能力。

11. 崗位變化的承受能力。

12. 能做好分外之事的能力。

09.

你的社交洞察力如何？

　　小時候看過的童話故事，就其內容來說你可曾質疑過？在《賣火柴的小女孩》的童話故事裡，你對下列哪一項感到不解？

A. 小女孩賣火柴
B. 小女孩怎不從父親那裡逃出來
C. 沒有人幫助小女孩
D. 沒有人向她買一盒火柴

測試結果

A　貧苦的小孩極需要錢過聖誕節，怎麼會賣火柴？在這喜氣洋洋、家家狂歡的年節，再奢侈的東西人家也捨得買，這時賣火柴，很蠢，不是很不搭嗎？能表達這種觀點的人，看人的眼光一級棒。

B 在家被酗酒的父親虐待，還要出來賺錢養他，她不離開父親，所以不斷被折磨受苦。離開父親的魔掌，她就可能脫離苦海。

你看出這原因與結果的矛盾，表示你對別人的言行，有冷靜的分析能力。

C 你看人的眼光稍差，為人正直是件好事，但你毫無疑人之心，人家說的話照單全收，絲毫沒有防人之心，卻不是好事。

D 你太著眼於表象，重視結果大於過程。對你來說，重要的是結果怎樣，而不是如何費盡心思做出來的。在經商上，這也許行得通。

10. 你是工作狂嗎？

如果你是一家大企業的負責人，有一位年輕貌美的私人祕書，你有權規定她的上班服裝，那麼你認為下列哪一項較符合你的想法？

A. 任其自由穿著，不用和其他職員一樣
B. 和其他職員一樣穿工作服，當然要注意紀律
C. 凸顯身材的短裙，不但可以帶出去應酬，自己也賞心悅目
D. 保守的裙裝，而且長過膝蓋才顯得莊重

測試結果

A 你是個奇才型的人，比較擅長策劃型的工作。如果認真起來，做事一絲不苟；但是如果你根本沒興趣，你就會搪塞過去，不太理會。所以你是不是工作狂，完全視工作性質而定。

B 你是個公私分明的人，雖然談不上是個工作狂，但是只要處理公事時，你就不喜歡涉及私人的事情，基本上你是屬於工作狂型。

C 你很聰明機靈，懂得在該努力的時候努力工作，但能偷懶的時候也不放過休息的機會，所以你在工作時精神特別好，還很注意工作環境的情調，你只能說是「看起來」像個工作狂。

D 你是個平常看起來很散漫，實際上只要投入工作便一本正經的人。「認真」是你一貫的做事方式，而且勇於負責，絲毫不馬虎，你最痛恨敷衍了事的工作態度，所以你是十足的工作狂。

☆ 【成就自己的十大建議】

1. 思考你想要的生活。
2. 弄明白你為誰工作。
3. 找到「窮」與「富」、「忙」與「閒」的平衡。
4. 你必須累積財富。
5. 適時地控制慾望。
6. 清晰的人生規劃。
7. 培養持久的耐力。
8. 建立良好的人際關係。
9. 完善自己的業餘愛好。
10. 不斷挑戰自己。

11. 從等車姿勢看性格

　　每天上下班，你都會飽嘗等車和擠車之苦，有時可能你已經等了好久，也沒見到你所等的公車的影子。這時的你會採取下面哪一種等車的姿勢？

> A. 把手放在背後，或是不斷地看手錶
> B. 把手插在口袋裡
> C. 雙腿交叉站著
> D. 找一面牆靠著

　　A 你是一個企圖心很強的人，很講求成效，想到什麼事，就要立即做到才行。這樣的個性，在

你的臉上表露無遺，所以你是一個不適合耍心機的人。有些「鬥爭」其實你並不喜歡，但因為怕別人的閒言碎語，就虛情假意地做著。

B 你是一個有城府的人，做什麼事，都會經過周密的籌劃，在你笑臉的背後，也許隱藏著什麼重大的陰謀。

正因為你把聰明全放在人際的周旋上，相對地對工作的關心就減少，所以小心聰明反被聰明誤。

C 你有點像個小可憐蟲，雖然做什麼都實幹苦幹，可就是對自己缺乏信心。別人隨便吼你兩句，不管你是不是有理，總是會嚇得半死。你太過委曲求全、迎合別人了，有點沒有原則地忍讓，讓別人以為你不過如此。

D 這樣的人通常心智還沒有真正成熟，不善於管理自己的情緒，臉上陰晴不定，處理事情大多比較孩子氣。

你做事好像也是隨性而為，不高興就擺張苦瓜臉待在那兒。這種性情在社會上不太受歡迎。

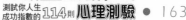

12.

你的反應能力如何？

真是個難得的假日清晨，你竟然5點就起床了，原來是和情人約好了去晨跑。你們在河邊瞥見一位戴太陽鏡、打扮新潮的美女站在樹蔭下，正好你經過她身旁時，看見她打開手袋，東翻西找的，你猜她在找什麼？

A. 面巾紙
B. 化妝品
C. 錢包
D. 小鏡子

 測試結果

A 你的反應能力算是差強人意，但是由於你是個十分注重禮儀的人，所以你的觀察力還算不錯，能由對方的一點小動作，推出他人的企圖及動機。

B 你的觀察力十分敏銳,猜測事情通常八九不離十。然而你的缺點是太愛探測他人的隱私,真正該關心的事物反而不去注意。這可能會使你在做事時,放錯了重點!

C 一群人一起出去玩時,最能發揮你的敏銳觀察力了。因為你很怕大家都不付帳,於是你會一直注意他人有沒有掏錢的動作,若沒有付帳的意思,上廁所和先去打個電話,就是你標準的逃避藉口。

D 因為你很注意表面功夫,在乎外表得不得體,所以你對他人的觀察能力很差,對事物的反應力更是差得無人可及。你這種人最容易吃虧上當。

☆ 【喝水少反應慢】

英國學者進行了一項禁食、禁水一晚後評估心智能力的神經心理測試。結果發現,參試者測試前喝了一杯水比沒喝水時的反應時間縮短了14%。

試驗證明,即使輕度脫水也會對大腦產生負面影響,而補充水分能促使大腦完成需要快速反應的任務。

13. 你的談判力如何？

你被一個減肥產品的商家代表纏上了，他一直鼓吹你買減肥藥，還一直說你太胖了一定要用減肥藥，你會怎麼辦呢？

> A. 很心動，心中思量如何砍價
> B. 十分尷尬，堅持不買
> C. 無可奈何地聽他説完，但還是不買
> D. 為求脫身，馬上掏錢

測試結果

A 在談判桌上，你給自己和對方都留有餘地。你不會拒人於千里之外，也會有原則地處事，審慎考慮利弊得失。你有純熟的談判技巧，能夠創造出雙贏局面。

B 你有絕對的原則，只要你決定了底線，就沒有人能越界。你喜歡在談判桌上扮演主動的角色，

一旦對方跟你的看法相異，你絕不會給對方面子。其實，過分強硬會讓雙方不歡而散，最終你也會有所損失。

C 你是好好先生，做事沒有原則，也許是怕傷到對方，你總是壓抑自己的真實想法。你這樣濫用好心，毫無原則，在談判桌上是很容易被欺負的角色。

D 你是個重感情、少理性、很衝動的人，在談判桌上更是個腦筋不清楚的人。你常常裝大方的答應對方要求，以致於沒有退路，一下子就被人搶光了籌碼。

14. 你看人的眼光有多準？

某天你突然接到一個陌生女人的來電，她說自己被一個犯罪集團綁架，好不容易才撥通了這通電話，現在你是她唯一獲得解救的希望。此時你會認為？

A. 相信她的話，並會按照她所説的幫她解圍
B. 這絕對是個無聊的惡作劇，立即掛斷電話
C. 很好奇，抱著試一試的心態，照她所説的做
D. 半信半疑，不知道如何是好，乾脆將電話交給其他人接聽

測試結果

你看人的眼光不是很準，很容易被眼前所見蒙騙。因為你很善良，所以對任何人都不會抱懷疑的態度，在你的眼中，除非是真正傷害過你的人，否則你都會將對方歸類為好人。你應該加強判斷力，這樣才能結識真正的朋友。

B 你看人通常都不會走眼，因為你有很強的第六感。和人相處都無須用太多的言語，單憑自己的感覺就能大概瞭解對方是一個什麼樣的人。除非是在你情緒不穩定或者有心事的時候，頭腦會變得比較混亂，才容易出現錯誤的判斷。

C 你是個很有眼光的人，因為你的分析洞察力特別強。通常只要你和對方交談兩句，彼此再透過眼神交流，你就知道對方是好是壞。即使演技高超的人，在你面前也難以掩飾他的拙劣。但你也有感情用事的時候，此時雙眼就容易被情感蒙蔽。

D 其實，你是個很有品味的人，也有不錯的識人眼光，只是自信不夠，對他人也不夠信任。所以一旦周圍有人說對方的不是，對方的形象便會在你的心中動搖，因此也容易失去一些值得結交的朋友。

15. 遊公園測測你的責任心

　　假日到公園裡享受悠閒時光，你通常會選擇什麼
地方坐著來消磨時間？

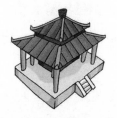

> A. 能看到人來人往的小徑的椅子上
> B. 有柳樹垂楊的湖畔
> C. 可以遮陽的涼亭內
> D. 枝繁葉茂的大樹底下

　　你時常會把一些大事小情攬在自己身上。如果
你是真心想擔起責任的話，那當然沒問題；可
是，如果你每次都為莫名其妙就身負重任而苦
惱的話，那你就得學著拒絕。

B 你還算是有責任感的人，只要是自己分內的事，或者是自己惹出來的麻煩，你就會站出來負責到底。但是，如果有人要你負擔不屬於你的責任，可能要有利益引誘，才能說動你。

C 每當有事情發生時，你首先會想到找人幫忙，這也算是一種負責任的方式。不過有些人可能會覺得你不能負責，想把責任推給其他人。所以，你應該表現出勇於負責的態度，先想辦法自己解決。

D 你最怕別人叫你負責，尤其是重大責任，你總是會考慮再三，能推就推。並不是你沒有責任感，只是你覺得一旦答應他人，就應該負責到底，所以希望能省一事就省一事。

☆【旁觀者效應】

如果要求某個人單獨完成任務，那他就會帶著很強的責任感去完成這個任務；而如果把這個特定任務分給一個群體，要求他們共同完成，那群體之中每個人的責任感就沒那麼強了，他們往往會因為困難而退縮，並且把責任推到其他人頭上。

16.

你的戒心有多強？

　　如果有一個人對你百般討好，那麼你會做出什麼反應？

> A. 肯定是有計謀的，不會去拒絕，但是會戒備
> B. 就用平常心去對待這樣的事情
> C. 因為自己有人緣啊，所以很開心
> D. 馬上就拒絕，不給對方機會

測試結果

A 你是個很有戒心的人，陌生人會讓你的自我防衛系統自動開啟，因為這樣謹慎的態度，所以你的人際關係通常是四平八穩。除此之外，你也有很沉著的性格，即使知道對方有所圖，但也不會拆穿對方的把戲。

B 你是寧願自己生悶氣，也不輕易說出來的那種人，通常會封閉內心，卻又渴望別人能主動瞭

解自己。你為人有點現實，有點固執，一旦心意已決，不管什麼人也說不動。

C 因為你心中想的都是自己，所以你很容易被人抓住弱點，讓人有所企圖地接近你。只要對方對你稍微慇勤一點，對你說點好話，你就很容易陷入自己的期待中，你的心防就全部打開。

D 你的自我防衛系統可能反應過度了點，這種做法多少會影響到你的人際關係。你最好稍微開放一點心靈空間，否則你的人際關係將陷於封閉狀態。對你的心理健康來講，也有很深的傷害。

☆【光線暗，人更溫和】

如果夫妻交談前調暗燈光，那麼吵架機率就會大大降低。

心理學家表示，「黑暗效應」還可以解釋為什麼在燈光昏暗的酒吧和舞廳，陌生人之間比在普通場合更容易相互認識，甚至產生戀情。原因是，太明亮的光線會令人難以放鬆，進而提高警惕和戒備。

17. 你的創造力強嗎？

假如住進了新房，你打算選一個窗簾，那麼你會選擇哪一種呢？

A. 有大面積圖案的
B. 有零碎小圖案的
C. 有幾何線條的
D. 素色的

測試結果

A 你並不是一個有創意的人。不過在工作或生活中，如果遇到志趣相投並且能夠了解你的人，就會激發你的潛能與創造力。

B 你是一個相當有創造力的人。新鮮點子總是不斷地從你腦子裡蹦出來，在工作或生活中你也總會有新的想法，並勇於付諸行動。

C 與其說你有創造力，不如說你有想像力。有時候你的創造力讓別人難以理解，有創意是好的，但也要從現實出發，否則就容易成為海市蜃樓。

D 你很少將創造力用在工作上，而是將大多數都用在了生活或娛樂上，所以你在朋友的眼中是個懂得享受、及時行樂的人。

☆【心理學調查】

哈佛大學超人類研究中心徹旦教授發現，桌子亂糟糟的人，比桌子整潔的人，創造力平均要高出50%；經常遲到的人，比從不遲到的人，幽默感平均高出70%；飯量大的人，比飯量小的人，情商平均高出90%。

18. 你能成為精神領袖嗎？

有不少人從小就開始搜集郵票，一張小小的郵票，就如同一幅袖珍畫一般，精緻而耐人尋味。在眾多集郵主題之中，你會偏愛哪一種？

A. 人物肖像
B. 活動紀念
C. 風景名勝
D. 繪畫藝術

測試結果

A 你誠懇的做事態度，穩健踏實的腳步，都讓人想要追隨在你身後，向你學習。你也不會藏私，有什麼不錯的想法和體會都很樂意與其他人分

享,所以你會成為一個能夠帶領團隊成長的領導者。

B 你見多識廣,消息來源多又有效率,所以大家都會把你奉若「傳播之神」。

你所探聽的事情範圍很廣,能應付各種人的要求,不過若要更深入地剖析,可就要另請高明瞭。

C 你不願左右別人的想法,很少表達個人主觀的意見。當有人來向你徵詢的時候,你會提供詳盡的資料,讓那個人能夠自行判斷選擇。

雖然沒有給予具體的解決方案,可是你的做法也正符合求助者的需要,所以在別人心中,你的意見舉足輕重。

D 你的品味獨特出眾,有不少人都在暗中關注你最近買了什麼或是又參與了什麼活動。所以你根本就是大家的精神指針,一舉一動都備受矚目,身邊的流行風潮,大概都是被你帶動起來的吧。

19. 如何面對兩面三刀的人？

假如有人對你兩面三刀，你會：

A. 表面上與對方笑臉相迎，實際上對對方心存戒備
B. 對對方以誠相待，相信自己能夠感動對方
C. 開門見山，一語道破，不給對方留面子
D. 與對方保持距離，態度不冷不熱

測試結果

A 這種應對方式表現了你是個有謀略、理性的人。其實，你不僅對這個人如此，對其他的人，你很可能也會以這種有心機的心態來處理，只是你不自知罷了。

所以，你要小心處理你的人際關係，免得讓別人覺得你是有心機的人，而留下不好的印象。

B 你的敵我意識不強烈，而且是完全不設防。你對人以誠相待，相信也有人會以誠相報。只是

你必須有心理準備，因為不是每個人都善良。
你在人們心目中，應該是個有良好形象的人。
不過，還是要小心，以免被敵人陷害。

C 你的性格屬於直率型，最受不了人家的冷嘲熱諷和迂迴戰術。一旦遇到喜歡用計謀的人，你就會很衝動地揭下對方的面具。

通常你會引來同樣不喜歡耍心眼的人，因此，你的人際關係將會很明顯地分成兩派：一派是和你意氣相投的朋友，一派是喜歡用計的敵人。

D 你以不變應萬變，除了可以推論出你是一個拙於跟對方比賽心機的人之外，也可看出你是個不善於主動去掌握人際關係、主動去解決問題的人。

你唯一的利器就是沉得住氣。因為你不喜歡複雜的人際關係，所以你的敵人應該不多。

20. 面對言語攻擊你防禦能力夠強嗎？

如果你是一名作家，那麼你會選擇到哪個地方創作呢？

A. 文化古國
B. 鄉村小鎮
C. 現代都市
D. 原始叢林

測試結果

A 你會受謠言影響，短時間內陷入情緒不穩定的狀態中，需要一個人獨處療傷；可是不需多久的時間，你就會自然痊癒。

B 你討厭被別人誤解，若是有一天聽到與自己相關的不實傳言，你會十分氣憤。但是你個性溫和，所以多數時候，你會將怨氣吞下。

C 你能夠在各種環境中適應得很好，因為不管遇到的問題多麼棘手，你都能處之泰然。說你具有流言免疫力，一點也不為過。

D 你是個以自我為中心的人，凡事只要自己確認做得沒錯，問心無愧，你就不會在意別人怎麼說，你相信清者自清。

21. 誰會最先出人頭地？

來公司報到的4個新進人員正好走在一起。如果要你選擇的話，那麼你認為最早出人頭地的會是誰？

A. 身材普通，略顯胖的男性
B. 最高的男性
C. 最矮的男性
D. 中等身材的男性

測試結果

A 你是個不拘小節的樂天派。雖然具有自卑的潛在因子，但隨時都有開朗的想法，是個沒有太多煩惱的人。

B 你對自己的體態沒有自信，強烈地想要徹底改變自己。

你過於自卑，做任何事之前都有無法成功的強烈感覺，總是羨慕成功的人。

C 你雖然有自卑感，但自卑感反而會成為你的踏板，激勵你努力躍升。

你一旦身處逆境，反而能將逆境轉化成一種反彈力，激發出幹勁。

D 你雖然沒什麼自信，但也不會感到自卑。你重視的不是外在形象，而是實力。你這樣的人大多走向平凡的人生之路。

☆ 【出人頭地八大法則】

1. 不要聽「親朋好友」的話，他們只會讓你成為「平凡人」。

2. 不要只會「用功讀書」，重要的是「要讀對書」。

3. 不要只是「努力工作」，重要的是「做對工作」。

4. 不要只是結交「志趣相投」的朋友，否則你永遠只看到「一半」的世界。

5. 不要只是「安分守己」等待陞遷，要像下跳棋一樣想辦法「一步登天」。

6. 不要只是「準備好了等機會」，主動「製造機會」才能捷足先登。

7. 不要以為「錢不會從天上掉下來」，只是你必須「站在對的地方」接。

8. 不要只會「正面思考」，要「逆向思考」，「不正常」的人才能出人頭地。

22. 你這一生有爆紅的命嗎？

　　下大雷雨時你沒帶雨傘，距離要去的目的地只有一點點的距離，你會選擇怎麼辦？

A. 等雨停再過去

B. 馬上衝過去

C. 跟人家借把傘

D. 取消行程不去了

測試結果

A 你低調做自己，紅不紅沒關係。你就活在自己的世界裡，想做什麼就看自己的心意，不在乎別人的眼光，不在乎自己會不會紅。

B 爆紅新人有潛力，敢說敢做就能贏。你對很多事情都能接受，而且你敢沖，很多事情是沒有範圍的，叫你做你就做，因為你認為在自己的工作本分上面盡責是很棒的，所以你是非常有爆紅的潛力的。

C 想要爆紅需貴人。你現在真的是缺貴人給你一個機會，那時說不定你真的就能夠大紅大紫。

D 有條件爆紅，但個性要放開。記得一定要把自己放開來，把自己最完美的那一面呈現出來，你才有爆紅的條件。

23. 你是什麼樣的人才？

　　股票「跌跌」不休，事業、愛情不知明天何在，「算命」舉動正反映人們內心的不安。在古今中外五花八門的「算命」方法中，你喜歡的是哪一種？

A. 八字風水

B. 塔羅牌

C. 占星圖

D. 易經卜卦

 測試結果

　　Ａ　生活對你來說，是個嚴肅的課題。你對自我的要求超高，最適合進行自我創業，這能完全發揮你的才華。你是能白手起家的優秀人才。

B 你是個非常感性的人，藝術天分是上帝賜予你的資產，創作是你發達的管道。即使創作能力不足以餬口，你還是可以尋找和藝術相關的工作。

C 你是個兼具理性和感性的人，在事業發展上，你反應快速的腦袋，會給接觸過你的人深刻的印象。但是你要注意不能堅持到底的毛病。

D 你是一個性格爽朗的人，總是往前看，不會對昨日的失敗耿耿於懷，而能持續往前衝。研究型的工作最適合你。

24. 你的人生成功指數有多高？

假如有一天你救了一位受傷的神祕高人，他為了感謝你，要送你一樣東西以報救命之恩，那麼你想他送給你什麼呢？東西有效期只有一個月時間，請憑直覺回答。

> A. 預知未來的魔鏡
>
> B. 回到過去的魔法門
>
> C. 環遊世界的飛船
>
> D. 賜你看透人心的能力
>
> E. 一千萬兩黃金
>
> F. 能與心愛的人在一起

測試結果

A 你經常有一些不切實際的想法，但難以付諸行動。你依賴心重又過於愛幻想，總想有人幫你安排一切。

你對前景抱不太樂觀的態度，如果有人告訴你下一步該怎麼走，那你會無限感激。

B 你會經常擔憂這個那個做不好，是個對自己沒有信心的人。

你常常會因過去的小錯誤而悶悶不樂，也容易犯一些小毛病，如果別人說你真糟糕，那你很可能認為自己就是這樣。

C 你是過一天算一天的人，不想過去也不想未來。你覺得活在當下最重要，凡事順其自然，不喜歡爭名奪利，喜歡逍遙自在的生活。

你缺乏上進心，但你卻比其他人活得開心和幸福。

D 你是一個敏感又好勝的人，一點小動靜就讓你心煩意亂，因此你總是提防他人。

過於防範他人，其實也很累，不如誠心與他人交往，多一個朋友勝於多一個敵人。

E 你是一個現實的人，很善於理財，凡事喜歡用金錢來衡量，有價值的東西，你會非常懂得利用和珍惜；但對沒有用的東西，你會置之不理。雖然你比別人容易成功，但你卻不見得會很快樂。

F 你屬於重感情、追求浪漫的人，但是過於感情用事，反而成了你人生的阻力，也容易被別人利用。

你對於成就和工作興趣不大，一心只想要穩定的生活和感情，一旦改變，會讓你驚慌失措。

25. 你是否健談？

線路故障導致長時間停電，你家也斷水很多天了，一直都沒有辦法洗澡，而且也不知道水電何時會來，可能還有好幾天要熬，這時你會怎麼辦呢？

> A. 跟家人一起去飯店暫時住幾天
> B. 到親戚朋友家暫時住幾天
> C. 還是住在家裡，但是到其他地方洗澡
> D. 不管那麼多，再硬撐幾天

測試結果

A 你在大家眼裡是個不難溝通的人，但是這並不表示你善於言談，只因你懶得和別人辯駁，附

和他們的成分比較多，所以你和人攀談的能力還有待加強。

B 你是個很怕寂寞的人，因此會自然而然地和周圍的人聊天，以彌補心靈的空虛。也因為這樣好接近人的性格，你有很多朋友。你覺得周圍的人都是善良的，所以你很容易和別人交心。整體來看，你還是比較健談的。

C 你待人誠懇友善，能使與你初次見面的人都對你放下戒心。你也很會察言觀色，不愛出風頭，但很有辦法讓別人和自己侃個不停，而且還能將心裡的話都說給你聽。你深受長輩和朋友的喜愛。

D 你是個我行我素的人，只會埋頭於自己感興趣的事物。即使別人想要和你聊天，你也總是回覆一些敷衍的話，讓別人覺得很沒意思。如果你只活在自己的世界裡，毫不在意別人的存在，你就會被外界孤立，所以最好還是趕快改變自己。

26. 你願意用什麼換取你的事業成功？

下面是被畫在牌上的場景，要你選擇其中一張，你會選擇哪一張？請憑你的直覺選擇。

A. 有一個婦人好像是在墓地大喊大叫或奔跑

B. 有一個穿著很像古代守孝服的女生，坐在外面草地的一個床上

C. 有一個人在室內拿著一根稻穗，然後跪在地上不曉得是在做法還是在打自己的身體

D. 有一個光頭的老人坐在一個好像山洞的地方，你可以看到在他旁邊有很多石柱，附近還有一些吊死的人，老人坐在那兒沉思。

測試結果

A 代表你在工作中會「出賣」快樂而且愈來愈恐懼，漸漸變得不快樂。這些工作雖是你夢想的事情，但是愈做就愈覺得好像都是失敗的，漸漸不知道自己在做什麼，愈來愈不快樂。

B 代表你在工作中會「出賣」情感或失去朋友的支持。這張牌表示你的個性本質是一板一眼的，做什麼事情都希望做到最好，所以你會忙到沒有時間陪你的朋友或對象。

C 代表你在工作中會「出賣」夢想或是丟失自信。有時人家要求你去做一些事情，你會覺得為什麼他要求我這樣那樣，是不是我做得不夠好，漸漸地就會愈來愈自責，變得沒有自己的想法和夢想。

D 代表你在工作中會「出賣」自由。你規劃做得好，可以出去看世界，也可以為工作把行程排得滿滿的。

☆【什麼是真正的成功】

在一生中，有人能夠不惜個人安危來幫助你；當你年老時，仍然有朋友和家人愛你；有許多知心朋友，不是因為你的金錢和權勢，而是因為你的人格魅力。

27. 你的事業走向何方？

假如有一天你不小心遇見了時空裂縫，被裂縫吸進去會穿越到無法預測的空間、時間。在這種無法預知的穿越中，你最希望到哪裡去？

A. 遙遠的古代
B. 未來，看自己如何
C. 不曾被發現的奇幻國度
D. 自己嚮往已久的國家

測試結果

你是個公私分明的人，懂得把工作和生活分開。工作上你鐵面無私，而且也很認真、勤懇，行事專業、老練；不過，工作以外你的行為可能就會讓和你不熟的人大感意外，你其實很會享受生活，甚至會像小孩子一樣，時不時會有很多無厘頭的言行。

B 一般來說，樂觀的你並不會特別看重工作。你認為工作不是人生的全部，只不過是生活的一部分而已，所以你的內心深處永遠保持一顆赤子之心，工作的時候會覺得該做什麼做什麼，一般不會因為工作而有特別大的思想轉變，也不會去討好誰或者為難誰。

C 你是善良、熱情的人，可惜最大的麻煩就是你有時候會比較喜歡嘮叨，年齡大了還有可能喜歡倚老賣老，也會漸漸變得油滑。

其實你也會好心地想要把自己的經驗傳給年輕人，只不過每個人的處世方式不一樣，新人未必能接受。

D 在你內心深處會覺得人最重要的是自己活得開心，所以你會越來越不在意一些所謂的人情世故。什麼鉤心鬥角、爭權奪利對你而言都不重要，你才懶得去理會，你只管做自己的工作，過自己的開心生活就是了。

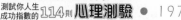

☆【培養好習慣】

1. 用關心和自責的口吻說話,責人之前先責己。

2. 遇事找方法而不是找藉口。

3. 養成記錄習慣,不要依賴腦袋。

4. 永遠不說不可能。

5. 提醒自己隨時記錄靈感。

6. 用心傾聽,不打斷別人的話。

7. 每天有意識地真誠讚美別人3次以上。

8. 凡事預先做計劃,儘量將目標視覺化。

9. 時刻微笑待人接物。

28. 你是個有進取心的人嗎？

你住在二樓左側的房子裡，某天，你要出門去倒垃圾，你的左邊是一個窗子，而樓上和樓下各有一個垃圾道，在二樓最右邊也有一個垃圾道，你可以有以下選擇：

A. 上樓到上面那個垃圾道去倒垃圾
B. 下樓到下面那個垃圾道去倒垃圾
C. 從自己所在的位置一直向右，去那裡倒垃圾
D. 直接從身邊的窗口爬出去倒垃圾（從那裡可直接到垃圾道）
E. 從窗口倒出去。

測試結果

A 你進取心很強，希望得到更好的位置，不論是工作還是學習都希望得到更好的名次，是個非常上進的人。

B 你最近可能陷入一種懶惰的狀態中，你希望自己可以省力氣，但是卻不考慮以後還要回到原先的位置，那需要付出和進取同樣的力氣。你也可能是覺得生活不應背負太多，而應輕鬆地享受人生。

C 你可能對現狀非常滿意，不喜歡有波動，而是喜歡平平淡淡的生活。你不喜歡波折，越是簡單的東西越喜歡，希望自己喜歡的永遠維持現狀，就算不前進也無所謂。

D 你實在是太喜歡追求刺激了，幾乎到了讓人覺得不可思議的地步。你覺得平凡的生活太過單調，你需要任何時候都保持新鮮感。

E 你的修養方面還需要加強。你現在之所以不順利，很可能是你個人修養的問題。

29. 當了老闆你容易得什麼病？

假如要說故事給小朋友們聽，你覺得哪一種聲音最容易吸引住他們？

> A. 裝各種樂器的聲音
> B. 裝鬼叫淒厲的聲音
> C. 裝卡通可愛的聲音
> D. 裝動物吼叫的聲音

測試結果

A 當了老闆你會得被害妄想症。

你會什麼事情都往最壞的方向想，越想越多的時候，會容易失眠，甚至得被害妄想症。

B 當了老闆你會得高血壓。

你很焦慮，容易生氣，只要人家動作慢一點、笨一點，你就會想罵他。當然你的血壓就會升高。

C 當了老闆你會得肝病。

因為你非常有責任感，你會把公司當成自己的小孩，什麼事情都一肩扛，這樣當然會累。太操勞，久了就會得肝病。

D 當了老闆你會得肥胖症。

因為你很會用人，你把很多事情都做好分工，等著驗收就好。你是最聰明的老闆，很閒，所以容易胖。

30. 在團隊中，你有領導才能嗎？

有一天在路上，你遇到失去聯絡的老情人，你們相約到附近的咖啡廳去坐坐。除了聊聊目前的生活之外，你們難免談起以前的時光，這時候，你最怕老情人提起什麼？

> A. 兩人剛認識時的甜蜜回憶
> B. 分手時的感覺
> C. 當初介入你們之間的第三者
> D. 一次出國旅行的經驗

A 你的領導才能會發揮在小團體中，一旦人變多了、關係變複雜了，你就會掌控不住，甚至招致民怨。

「寧為雞口，無為牛後」應該就是你領導力如何的最佳說法了。

B 你在團體當中通常是一個幫大家做事的角色，你平生無大志，只求有飯吃。

隨遇而安的個性，讓你完全沒有名利心，覺得照顧好自己最實在。

C 你有領導的才能，可惜卻沒有領導的氣度。想要讓一群人對你服從，不是很有才華就可以的，你必須懂得唯才是舉、能屈能伸、善用智謀，只有勇氣和衝勁是不夠的。

D 你是天生的領導者，有指揮眾人的天分和魅力。你並不會刻意表現出自己的野心和企圖，但是大家自然而然就會找你解決問題，喜歡和你在一起。可能就是你有一種王者的風範吧。

31. 阻礙你事業進步的是什麼人？

在大街上打電話時，手機被搶了，你第一反應是什麼？

A. 算了吧，人沒事就好，破財免災吧
B. 心痛死了，裡面還有很多珍貴的照片呢
C. 心痛一下，很快看開
D. 天天詛咒那個搶手機的賊

測試結果

A 你是一個做事非常淡定的人，從來都認為欲速則不達，所以不會急來抱佛腳，更加不會因為焦急而草草了事。

如果與那些雷厲風行的人在一起共事，你就會
被狠狠地甩在後面，還會讓人趁機參上一本。

B 你是一個做任何事情都會有詳細計劃的人，然
後再按部就班實行。

如果與你共事的是一個老是搖擺不定的人，就
會一直拖慢你想像中的進度，成為你的累贅，
讓功勞被別人搶走。

C 你做事雷厲風行，一直都是公認的「快、狠、
準」。

你最受不了做事慢吞吞的人，推也推不動，讓
你感到無奈，只好眼睜睜看著肥肉掉到別人的
碗裡。

D 你是一個講究團隊精神的人，最害怕的就是遇
到我行我素的夥伴。

總是叛離大家的意見，做事不按大家的進度，
讓工作原地踏步，這種人最使你抓狂不已。

32. 休憩方式測你的事業心

假日裡你會選擇到哪些休憩場所舒緩壓力呢？

A. 水療木屋

B. 田園農場

C. 人文廟宇

D. 主題樂園

測試結果

A 閒時喜歡到南洋情調木屋浸SPA的你，懂得讓自己的身軀放鬆，享受跟心靈溝通的舒暢，反映出你對物質享受並不留戀。你在事業上的競爭

心不強，只會安守本分，因為追名逐利非你所願。雖然你對自己有要求，但定位不高，做事做到剛剛好是你的座右銘。

B 你是一個能兼顧事業、理想，家庭生活幸福美滿的人，你覺得家庭和事業同樣重要，不能二者擇其一。在工作上，你精力充沛，魄力過人，是愈忙愈精神的代表人物。但一回到家中，你就會拋開工作，享受天倫之樂，不會把工作壓力帶回家，這讓你在家庭和事業上都如魚得水。

C 雖然你喜歡到傳統的古廟舊屋遊逛，然而，這並不代表你是一個思想守舊的人。相反，你的事業將不會循著前人定好的規則走，你有獨特的內在風格，將創造一番不同於社會現狀的事業。你在創業方面會有很多新鮮構想，你的新意將把事業推向高峰。

D 你對事業早有一番期許，希望自己能夠得到較高的社會地位，亦憧憬自己的經濟能力能夠高人一等。你是事業心極重的人，愛情、友情等只會淪為你事業拚搏過程中的附屬品，當你達到一個目標後，又會繼續挑戰更高層次的目標，事業心和野心也會逐次提升。

33. 你是一個有野心的人嗎？

假設有一天你得到了相當於一個小鎮的土地，要建設這個小鎮你會最先建什麼？

A. 警察局

B. 醫院

C. 銀行

D. 咖啡店

你是個很有野心的人，處心積慮地想往上爬、想出人頭地，為了達成目的不擇手段，所以比同年齡的人成就高，可是人緣不太好。

B 你是個心地善良、沒什麼野心的人，工作對你而言只是謀生的工具而已，只要穩定安定就好，女人還是以愛情、婚姻為主，所以只要你找到一個長期飯票，你就會想全心投入家庭，對工作也不再有一絲一毫的留戀！

C 銀行象徵「錢」，你是個相當拜金、虛榮，充滿野心的人，所以與其說你熱愛工作，還不如說你是追逐金錢，因此你不太會在乎工作是否有興趣，你在意的是每個月能賺多少錢，這樣的你在工作上小有成就，但心靈卻是很空虛！

D 咖啡店象徵「溝通」「輕鬆」，選擇這個的你是個十足的享樂主義者，你幾乎沒有野心，所以在工作上不求有大的發展，只要有份穩定的收入就好，你的朋友很多，人緣也不錯，可以說是活得很樂觀、隨性的人！

34. 從零食窺探你的個性

你最愛吃以下哪一種零食呢？

A. 雪糕

B. 餡餅

C. 卷心餅

D. 餅乾或蛋糕

E. 巧克力

F. 蘋果等水果

測試結果

A 大多是富有羅曼蒂克情趣的人，喜歡生活上富有刺激性的事物，但當計劃受挫時，情緒就會有很大波動。

B 喜歡消耗體力的活動，特別是以球隊形式比賽的活動。喜歡周圍有人旁觀，常是社交生活中的佼佼者。

C 是能幹又有上進心的人，能把事情迅速做完，追求目標時能克服任何障礙。

D 具有社交能力，給人東西超過接受別人東西。愛聽別人講話，也善於與他人溝通。

E 處理問題時富邏輯性，對新事物或新思想的出現常持謹慎的態度。

F 能自我控制，瞭解生活中需要什麼，具有創造性，有大發明家的潛質。

35. 從吃日本料理測你的成功欲

你跟朋友到日本料理店,你第一個想點的是哪一種?

A. 蝦子

B. 肥金槍魚

C. 鮑魚

D. 烏賊

E. 海苔卷

F. 炒蛋

G. 鮭魚子

測試結果

A 你是個性很強的人,是為了實現自己的慾望和理想,即使犧牲了其他的東西也不在乎的猛烈

型。在日常生活中，你的理想也很高，不喜歡平凡的事物。

雖然你有很強的能力，但在人際關係方面卻不太成功，所以不適合做管理的工作。

B 你是個判斷及行動皆合乎常識的人。你容易排斥冒險或做大膽的事情。由於你很重視人際關係，所以頗受他人的信賴。

C 你這一類型的人，對性方面有強烈的期待，但性機能衰退的現象也很顯著。你雖然精力不足，但是很喜歡尋求刺激性的事物。

你做事常半途而廢，也因此常常處在無法滿足的情緒低落狀態。

D 你這一類型的人，不注重外表，也不追求虛榮，具有將自己的想法表現在言行上的爽朗個性。

你屬於很關心金錢、在社會上很有出息的人。

E 你屬於不擅於表達自己情感的人。在日常生活中，一直都持有妥協的態度，即使碰到不高興的事也都忍了下來。

雖然你的一生不太能出人頭地，最多只能當上主管，但是你認真的工作態度，非常受到賞識。

F 你是個容易受情緒支配、情感脆弱的人。你缺少獨立性，容易受到別人的影響。

G 平凡的事物並不能滿足你這一類型的人，你有強烈的表現欲，希望周圍的人都知道你的能力。你對上司及權威者有很強的抵抗心，很適合當推銷員，但如果鬧彆扭的話，卻是個難纏的人。

36. 如何度過工作的瓶頸？

　　國慶長假，你想把自己的家大掃除一下，那麼你會從哪裡開始清潔呢？

A. 客廳
B. 廚房
C. 主臥
D. 洗手間

測試結果

A　你是百折不撓的類型。你熱血沸騰，心向美好。工作上也許會有各式各樣的困難，但是你總會找到解決辦法。你總是能在挫折中成長，所以，任何困難在你面前都不是困難。

B 你屬於爆發型的人。即使工作進入了一個低迷期，你還是有挑戰困難的勇氣的。那些在你看來很輕鬆的項目，你是根本沒什麼興趣的。

你總是向自己的弱勢發起進攻，挑戰自我，激發自己內在的潛能，最終獲得成長。你的工作前景一定是一片光明的。

C 工作上，你總是鑽死胡同。可能是因為工作方法的關係，再加上你天生的覥腆性格，即使遭遇困難，你也不會向人求助，這樣會妨礙你在工作中得到提升，要想在工作中有所成就，就有些困難了。

D 你喜歡小聰明，會用一些技巧去工作，總能事半功倍，所以，你對自己的工作能力很自信。但是，你對工作卻沒有真正地下苦功夫，要知道，投機取巧是不可取的，還得腳踏實地地努力。

37. 愛情、麵包你會站在哪邊？

　　你前往埃及旅行，金字塔，還有各種黃金飾品等都讓你流連忘返。

　　旅程的最後一天，你沒有既定行程。於是你決定利用這一整天再去看一次東西……你最想看什麼東西？

> A. 金字塔裡的法老王棺木中枯萎的花束和黃金飾品
> B. 各種女神像和象形文字版畫
> C. 神祕而壯觀的金字塔
> D. 埃及首都的生活景象

測試結果

　　A 你打從骨子裡就適合談戀愛。談戀愛時你會變得更漂亮，也可以讓自己過得很充實。你覺得

跟自己所愛的人在屬於你們的天地裡生活著，比去上班獲得的成功更幸福！

B 從某方面來說，以感情為重的你可以同時擁有享受愛情和縱情工作的時間，可是，不管你工作中獲得多少成就感，若感情不順，你就沒有幸福的感覺，也許你最後還是會選擇——愛情。

C 從某方面來說，以事業為重，事實上你跟他/她在一起時是很快樂的，但是總是會有突如其來的工作找上門，或者正要論及婚嫁時，你卻又找到更有價值的事情（事業或是更高遠的事），再加上彼此不是那麼投緣的話，你最後可能還是會回到你的工作崗位上！

D 你會選擇工作（生存價值）。你很受四周人的敬重，而且也多半受依賴。你自己也覺得在公司裡跟很多同事一起工作比和戀人在一起更充實，所以，為了你自己的幸福，你可能也會選擇工作或屬於自己的生存價值！

38. 你的領導風格是怎樣的？

一位新來的員工，沒有多久你就發覺他偷懶，工作不力，令同事之間互相猜忌，考慮過後，你決定把他解雇，這時你會……

A. 叫助手告訴他他已被解雇
B. 叫他進房間，然後直接把他辭退
C. 以溫和的語氣和外交辭令向他解釋，他實在不適合在公司工作
D. 把他解雇，然後安撫其他下屬，叫他們安心工作

測試結果

A 被動的領導風格──你逃避面前的困難，雖然這種作風並非完全無效，但如果要成功地採用這種領導方式，你的助手必須十分精明幹練。

B 獨裁的領導風格──你不能忍受別人犯錯，一經指示便希望別人一絲不苟地把工作做到最好。

這是一種傳統的管理方法，但是在講究人性化管理的今天已較少有人沿用，因為這類的主管較少受人愛戴。

C 民主式的領導風格——你和屬下之間相當友善。每次要使用權力時便猶豫不決，雖然能顧及下屬的自尊，人人工作愉快，但是你們部門的工作效率肯定不是全公司最高的。

D 隊長風格——一方面你懂得在適當時刻運用權力，儘量和下屬保持合作，一方面又能提高士氣，你的懷柔政策，令每位下屬都覺得自己是隊伍中的一員。

☆ 【領導風格】

1. 老虎型(支配型)：重目標管理，控制與任務導向。

2. 孔雀型(表達型)：重願景管理，社交與關係導向。

3. 變色龍型(整合型)：重社交管理，彈性導向。

4. 無尾熊型(耐心型)：重團隊管理，穩健與關係導向。

5. 貓頭鷹型(精確型)：重風險管理，制度與標準導向。

39. 你適合從商還是從政？

災難和危機總是在毫無預警的時候發生，那麼，下面哪一種情況是你最害怕、最不願意遇到的？

> A. 大氣和環境被嚴重污染
> B. 地震等嚴重自然災害
> C. 和朋友野外探險的時候，一個人被困在沒有手機信號的野外

測試結果

A 你天生就是從政的料，不管你是不是有這方面的意向，但你在這方面很有天賦。

你善於分析，善於做決策，看問題的格局很大，很有遠見，並且很有社會責任感，長期從政，會有所作為。

B 你是個充滿野心、極具創造力的人。對於身旁的改變，你可算是十分敏感。

你很善於在商政中發現契機。但是需要注意的是你性情多變，有點神經質又時常情緒不穩定，從長遠看這會給你的事業帶來不好的影響。

C 你比較適合在企業工作，做一些專業性強的並且不會摻雜太多人際關係的工作，你有一點自卑，不太會為自己爭取利益，不過你是非分明。但如果事情牽扯到你個人的感受，你的心情便會一團糟。

☆【教育心理學】

在學校應鼓勵孩子追求快樂而有意義的學習方式。如果學生對社會工作感興趣，老師應鼓勵他，而不是告訴他做生意可以賺得更多；如果他想從商，父母也應支持他，而不是告訴他從政才是他們對他的期望。

如果父母和老師相信幸福才是至高財富，那鼓勵就是最自然、最符合邏輯的選擇。

40. 你有主動進取的意識嗎？

你和父母去郊外放風箏，由於沒有掌握技巧，風箏落在了路旁的一棵樹上，那麼，你會透過下列哪種方式拿回風箏呢？

A. 要求父親幫你去拿
B. 自己爬到樹上去拿
C. 想辦法用細長的木棍挑下來

測試結果

A 你缺乏積極的進取心和頑強的毅力，依賴性較強。遇上一點困難便會輕易放棄。因此，你必須學會堅強，學會用自己的力量去解決問題。

B 你是積極進取而且具有較強競爭意識的人。但你常勉強自己做力所不能及的事情，最後導致身心俱疲，甚至陷入情緒的低谷。

C 你是一個冷靜而客觀的人。對於別人交代好的事情你都會做得令人滿意，但是對於沒有事先安排好的事情就會顯得無所適從，在這種情況下很容易陷入情緒的低谷。

☆ 【毅力、勇敢、包容、智慧】

什麼叫毅力？別人認為痛苦的時候、看不見光明的時候，你看見了黑暗盡頭的光明。

什麼叫勇敢？當你勇敢的時候會奮不顧身。

什麼叫包容？把所有的是非恩怨擱你肚子裡消化。

什麼叫智慧？不隨波逐流，能看到別人看不到的層面。

41. 在成功的路上，你在逃避什麼？

　　有個68歲的富翁在家中被殺了。你現在是一名刑警。你經過種種取證，得知這位富翁不但小氣，而且好色，在他的家族中有許多人都恨著他。其中有五個人嫌疑最大。你分別問了口供，憑你的直覺判斷，他們誰是最可疑的人？

> A. 富翁62歲的老婆的供詞：「我是他的老婆，我一直都很愛他，怎麼可能會殺了他？」
>
> B. 富翁48歲的養子的供詞：「絕對不是我！雖然我因欠下巨款而煩惱著，但絕對不是我！」
>
> C. 富翁24歲的私生女兼用人的供詞：「沒錯，我的媽媽是恨著我父親，但是人絕對不是我殺的。」
>
> D. 富翁30歲的小兒子的供詞：「大家都知道，我父親是一個很惡劣的人，所以這種人會被殺是沒有辦法的事情。不過，你懷疑我有作案的可能是說不通的，因為那個時間我正好在外地，我有不在場證明，連證人都有。」

> E. 一名被軟禁在富翁家牢房裡的男子的供詞：「這家的人最好全部死光光！哈哈哈……」

測試結果

A 想逃避糾纏不清的關係！你現在對社會、學校或是公司之間那種黏人、糾纏不清的人際關係感到厭煩，或者你對目前正在交往的戀人開始反感。

B 想逃避生活中的約束！這代表現在的你對工作和學業抱著一種「不做不行、非常勉強」的態度。所以你很想逃，很想放開一切。

C 想逃離過度的關愛！在你的心中非常地渴望愛情，不過同時也正為了雙親加在你身上的過度親情而感到負擔很大。

D 想逃離世人的眼光！你現在正受到所謂的社會常識和道德的壓迫，然後感到非常痛苦。很多事你想去做卻又害怕世人的眼光。

E 想逃離不理想的情緒！在你看似平常、平靜的心中，其實正潛伏著非常偏激的情緒。你現在很想從非理性的情感中逃脫出來，成為一個更理性、冷靜沉著的人。

42. 你是個會見機行事的人嗎？

現在旅遊風潮正盛，很多人都有坐飛機的經驗。
當你選擇航空公司時，除了最重要的安全性之外，還
有什麼是你最在意的？

A. 空服人員的素質和服務態度
B. 飛機上餐飲的品質
C. 空服人員各種語言都通曉
D. 座位舒適，視聽娛樂設備先進

測試結果

A 你的小道消息來源不少，所以能掌控所有的信
息。當別人慌成一團時，你還是很淡定，因為

在事情發生前，你已經做好萬全的準備了。就算是遇到突發的狀況，你也能從容不迫，可以順利逃過劫難。

B 你對事情的敏感度不夠，等到發生事故時，有可能會待在原地。因為先天環境給你足夠的安全感，所以你很少受到磨煉，多經歷幾次考驗，你會慢慢培養出危機意識。

C 你的生活平靜而單純，沒遇到過很麻煩的事情，但你也不會因此被慣壞。

你只是在生活上享受這種安逸，一旦碰到問題，會機靈地處理好。

D 遇到危急事件，你不會太著急，因為你交際廣，不愁找不到人幫忙，另外你也深諳維繫良好人際關係的重要性，所以平時早已將上上下下打點得很好，自然沒什麼好擔心的。

43. 你處理危機的能力如何？

　　你和朋友合力抬一個重物上樓，抬到半途中，你感到有些力不從心了。這時你會採取什麼方式來解決呢？

A. 咬牙堅持到最後
B. 馬上喊人過來幫忙
C. 一邊抬一邊勸朋友放下歇歇
D. 馬上放下

　　你總是願意自己承擔全部責任，並且能夠獨立處理問題。這種挺身而出的態度雖然英勇，但

是也有頑固的一面。建議你不妨把問題都說出來，或者多聽取別人的意見，這樣有利於問題的解決。

B 遇到麻煩時，你常會手足無措，無法冷靜地妥善處理。這樣的你雖然老是讓周圍的人擔心，但還算比較堅強，能很快振作起來。

C 你外表看起來很堅強，但內心卻十分脆弱。一旦發生事情，你雖然心裡想著要靠自己的力量來處理，但結果通常都是不了了之。建議你要多留意半途而廢帶來的不良後果。

D 你在遇到問題或壓力時，常表現得不堪忍受，甚至是消極應對，這對問題的解決很不利。

☆ 【「贏」的解讀】

亡、口、月、貝、凡，包含著贏家必備的五種意識或能力。

亡：危機意識；口：溝通能力；月：時間觀念；貝：取財有道；凡：平常心態。

從最壞處著想，向最好處努力。

44. 從方向選擇看出你的做事態度

假設你站在中央，有東南西北四個方向，請問你會選擇哪一方向走？

A. 往南走

B. 往北走

C. 往西走

D. 往東走

測試結果

A 你常有挫折感，依賴性較強。有太多期望，對自己要求較高，使自己變得更加膽怯。對新的事物，常常猶疑不前。覺得自己不受歡迎，需貼心的朋友肯定自己的決定。

B 你是苦幹型的人，極端理性地工作，不會輕易插手或處理別人的事，常是孤獨的工作者。你的朋友多半是因互相需要而在一起，配不上你

的朋友或情人，常常因得不到你的感情而離開你。

C 能順從別人是你做事的一大特色，工作的選擇受身邊人的影響很大。你待人熱情，重視朋友，但有時因太過熱情反而弄巧成拙。在人際關係上，因領悟力差而內心常感寂寞空虛。

D 你是做事穩重、事業心較強的人。遭遇挫折會有放棄念頭，但若從事喜歡的工作就不會這樣，算是有始有終的成功者。待人和善，可公正處理人事糾紛，不會得罪任何一方。缺乏熱情，因此在戀愛時，常處於被動的地位，易錯失良緣。

☆ 【每個人都必須具備的能力】

美國心理學家列出了每個人都必須具備的能力：

1.安身立命的能力。2.與人分享內在的感覺、向人顯露自己弱點的能力。3.果斷決策的能力。4.能夠說No而不怕失去對方的愛的能力。5.採取主動的能力。6.基本組織能力。7.自主思考並能清楚表達自己意見的能力。8.有心靈生活的能力。

45. 你是拖泥帶水的人嗎？

　　今天是週末，原本可以好好的睡到自然醒，但你有重要的事情要做，必須在7點出門，所以決定動用鬧鐘把自己叫醒。那麼，你會把鬧鐘設定在幾點幾分？你在鬧鐘響後會繼續賴在床上嗎？

A. 6點，鬧鐘響了會把它關掉，再睡15分鐘左右

B. 6點40分，鬧鐘一響，馬上起床

C. 7點，不賴床

D. 6點30分，鬧鐘一響就坐起，但會賴在床上10分鐘左右

測試結果

A 7點要出門，你卻打算提早足足1小時的時間起床，說明你的時間掌控力較弱，而且做事慢條斯理。你對於自己能否在7點前起床並打理好自己完全沒有自信，你害怕遲到，所以想提早起床。但是，由於你做事缺乏行動力，即使鬧鐘響了，你也會因為留戀夢鄉而繼續瞇一會兒。結果，反而更容易睡過頭。

B 鬧鐘一響就起床的你，行動力極強，自我要求也很高。出門前20分鐘才起床，不會太早也沒有太遲，說明你具有一定的時間掌控能力。不服輸的性格顯露於外。但一些突發狀況會輕易地打亂你的步調，你會因此而感到不知所措，之前的淡定瞬間消失得無影無蹤，偶爾還會有情緒失控的情況出現。

C 說幾點起就幾點起，絕不賴床，說明你有一定的行動力。但是明明7點就要出門了，你卻偏偏到7點才起床，說明你平時比較以自我為中心，喜歡按照自己的步調來辦事。你不會讓自己遲到，但同時你也不想早到。若是心情不爽，你還可能會故意遲到。你如果太過以自我為中心，很容易變成一個不受人歡迎的人。

D 鬧鐘響了，你仍會在保持自己清醒的狀態下賴在床上，說明你做事懂得把握分寸，既不會毛毛躁躁，也不會拖泥帶水。你的個性很沉穩，適應能力很強。即使賴床，也把時間拿捏得恰到好處，能與現代都市生活的節奏相配合。

☆ 【白天打瞌睡，上床精神怎麼辦】

這其實是「條件性失眠」，心理學上，「布飲療法」
　　對這種失眠有效：

1. 非常睏再上床。

2. 床就是只能睡覺，不能看書、玩手機、看電視或
   吃東西。

3. 不能入睡請起床到另一個房間去。

4. 重複步驟3，哪怕得整晚重複。

5. 調好鬧鐘，準時起床。

6. 白天勿小睡。

46. 你適應環境的能力強嗎？

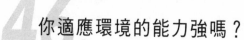

　　有一天，你去爬山，到了山腰，你看到一個男子站在那裡，那麼你感覺這個男子是在做什麼？

A. 爬完了，正要下山
B. 就是停在那兒休息
C. 正在往山上爬
D. 在等什麼人
E. 猜不出來

測試結果

A 你性格溫和，適應環境的能力很強。即使遭遇壓力，或者是與別人協調不好，你也會努力去

適應，去調和。所以，通常你在別人眼裡是那種老好人。

B 你適應環境的能力不太強。隨著年齡的增長，你會越來越固執己見，而對周圍的環境充滿了排斥。

C 越是新環境，你越是有挑戰的勇氣。你覺得自己生來就是要去改變和挑戰這個世界的。可以說，你的適應能力超強。

D 你是一個性情中人。你很有生機和活力，工作上也會有些作為。可是，你的情緒比較不穩定，有時候你會覺得這個環境不錯，有時候又會強烈地排斥這個環境。

E 到了新環境，你首先去做的不是熟悉環境，跟人搞好關係，而是挑這個環境的毛病，你總是愛雞蛋裡挑骨頭，讓人有些不舒服。你應該多發現環境的優勢，這樣自己也能快活得多。

47. 你是一心多用的人嗎？

對於精打細算的人而言，某些生活用品根本就不需要花錢去買，因為隨時都可取得一些贈品，免費又好用，你覺得下列哪一種物品，讓你覺得最受用？

A. 廠商印製的日曆
B. 旅行用小包裝沐浴用品和保養品
C. 街頭發送的印有廣告的面巾紙和試用品
D. 免費試閱報紙一個月

A 你做事比較專一，希望按部就班來完成，若是受到外力的干擾，你也會分出輕重緩急，等到一件事情結束之後，你才有餘力去做另一件，其實這樣的方式反而比較踏實呢。

B 你很難閒下來，總是認為自己還可以做更多的事情。你會同時著手各不相干的計劃，把時間都填滿，這樣感覺生活過得很充實。和別人比較起來，你的日子的確是非常多姿多彩的。

C 你知道自己的專長在哪兒，也瞭解個人的能力。你的基本原則是將做好事情當成第一要務，只有一件事情是你最主要的目標，你會花上三分之二以上的時間去完成，其他事情只是用餘暇的時間去處理。

D 你的腦子是個超強記憶體，你原本也沒想到要做那麼多事，只不過你樂於跟大家討論，自然就激發出一些不錯的靈感與構想，讓人不忍棄置，便促使你投身去做。

☆ **【男女之間七大心理差異】**

1. 女人善記細節，男人善記大局。
2. 女人能一心多用，男人只能一心一意。
3. 女人易入戲，男人更冷酷。
4. 女人比男人怕疼。
5. 女人愛閒逛，男人買前就打定了主意。
6. 女人需要傾聽，男人需要獨處。
7. 酒後男人覺得女人醜，女性喝酒後沒變化。

48. 你是個自立自強的人嗎？

在日常生活中，如果遇到困難，你是毫不猶豫地請人幫忙，還是打腫臉充胖子，自己解決？你的獨立性怎麼樣呢？你在遭遇困難時，會不會找朋友幫忙？

A. 先自己解決，如果沒有必要，就不會去找朋友幫忙

B. 先找朋友解決，如果真沒辦法，再自己想辦法

C. 不管困難多小，一開始就找朋友幫忙，免得自己把事情搞砸

D. 不管多困難，死都不找朋友幫忙

測試結果

A 你是個獨立性很強的人，遇到困難都先自己來，想辦法試試看，真的不行，會搬一些救兵來。你這樣的心態從人際關係上來講，可以有個合理的求救動機，一般人聽到你是真的做不來，

幫你的意願會比較強烈。而且在事後，你的尊嚴感和對方的感覺也會比較平衡。

B 你是個很聰明、很會利用朋友資源的人，這樣可以縮短你和朋友之間的距離，又可以節省自己的體力和精神。這一招通常是女孩子用才有效，而男孩子用這招，就會給別人一種一無是處，甚至是一點男子漢氣概都沒有的印象。

C 你會如此依賴朋友，可能不是因為你的能力不足，而是你在暗示自己：我是做不到的！這種自我設限的暗示，來自你的自卑感，如果你不能打開這種心結，總是依賴別人，到頭來會造成惡性循環：一來你的依賴性會更大，二來會逼走你的朋友。

D 你是個死要面子的人，你總認為別人來幫忙是在貶低你的價值，不僅破壞了你的形象，也影響到別人對你的看法。死撐對你是沒有任何好處的，人就是因為本身有缺陷才會有互助互信的動機，如果你否定了這項功能，你就注定要孤獨一生了。

49. 從下午茶的飲品看做事態度

下午茶的點心是蛋糕，你會喝什麼來搭配呢？

A. 鮮奶

B. 奶昔

C. 咖啡

D. 紅茶或者綠茶

測試結果

A 單純的你，做事雖然認真，但你太老實了，所以常常會被同事支使做事，常常忽略自己該做的工作，並可能會因此被譏笑，這可不是一件好事，要記得完成自己的事情是首要的。

B 你不夠自信，認為自己不能把工作做得很好，這也間接影響到你做事的態度。上班時不夠認真，常常被你的頂頭上司數落，小心有被炒魷魚的危險。你需要對自己有信心，給自己一點壓力，相信你能對工作有進一步的瞭解。

C 通常你做事很認真，但是一旦遇到瓶頸你就會突然變得不知所措，你會被一個解不開的謎團困擾很久，請舒展筋骨，休息一下，之後你會更加得心應手！

D 你頭腦十分縝密，心思非常細膩，做事乾淨利落，從不拖泥帶水，十分受上司肯定，你的未來掌握在你巧妙的手中。

☆【處世箴言】

1. 人生抉擇，很多時候比努力更重要。

2. 如不識貨，一時窮；如不識人，一世苦。

3. 人生階段：比才華，比財力，最後比心態。

4. 做人不成功，做事成功是暫時的；做人成功，做事不成功也是暫時的。

5. 聰明的人看得懂，精明的人看得準，高明的人看得遠。

50. 從早餐看你的工作態度

南方的茶餐廳點心異常豐富，一覺醒來，餐廳已經為你準備了豐富的早餐。今天的餐點有煎雙蛋、火腿、茄汁焗豆、吐司及一杯奶茶。你會選擇先吃哪樣？

A. 煎雙蛋

B. 火腿

C. 茄汁焗豆

D. 吐司

E. 奶茶

測試結果

Ａ 你是個情緒很穩定的人，無論面對多大的工作壓力，也不會影響你的工作表現，你甚至懂得

將壓力轉化為動力，使工作做得更出色，你還具有良好的分析能力。

B 你是個很講原則且自律性很高的人，無論外界有什麼誘惑也不易動搖，會將工作放在首位，先完成工作，你做事認真負責，同時也是個很守時的人。

C 你是個很有責任心的人，只要你答應了的，無論多艱巨都會將任務完成，絕不會中途放棄。你對工作有一百分的投入，工作的回報率也會很高。

D 你是個工作效率奇高的人，即使還沒到「deadline」，只要有工作在手也要先將工作做完才安心，很會分配工作時間，又能「一心二用」，能同一時間處理多項工作。

E 你是很有創意的人，愛天馬行空，又能兼顧實際情況，同時溝通能力也很強，懂得享受工作，很會在苦悶中找到樂趣。

51. 從垂釣看你事業成功的潛質

很久沒去釣魚了，這天終於得了空閒，你會選擇什麼地點垂釣呢？

A. 山谷的小溪

B. 海邊

C. 人工養魚池

D. 乘船出海去

A 你有高遠的目光和詳細的工作安排，能合理安排好一個月後的行程。可惜的是你做事比較保守，缺乏衝勁，不能專一地投入。

B 你很追求投資回報率，能以較少的投入換取較大的回報，很有生意人的眼光。

C 你的信心很足，從不打沒有準備的仗，並且具有戰略戰術意識，頭腦冷靜而果敢。但是要注意：別與人爭功，那可能會是你的敗筆。

D 你一工作起來就有一股狂熱勁，喜歡乘風破浪的快感，會拚命去做。

52. 你有競爭意識嗎？

下列運動中你覺得哪一項最能表現運動精神？

A. 賽跑
B. 障礙賽
C. 投球
D. 團體舞

測試結果

A 你是一個不服輸的人。但你最好不要反常地故作鎮定，那樣反而會讓你白白喪失成功的最佳時機。你往往過分狂熱，這也是你的一個缺點，但是你的專心有時卻能讓你發揮出巨大的潛力。

B 在潛意識中，你往往以競爭為樂。你只享受競爭的過程而不太看重結果。你屬於困難越大就越有鬥志的那種人。在這種狀態下，你成功的機率就會很高。

C 你注重的是事情的結果，但不太喜歡競爭本身，也不甘心認輸。你通常是嫌麻煩又不肯認輸，當事情的結果讓你一時無法接受時，你有可能會走向極端或乾脆採取一些不恰當的做法。

D 你沒有競爭意識，跟這個社會似乎不太協調。你極其不願意破壞和諧。你心地善良，即便自己失敗了，也會為勝利者吶喊助威。

53. 你推銷自己的能力強嗎?

　　你是個間諜,要去執行一項非常重要的任務,需要隨身帶一台電腦。你會選擇哪一種呢?

A. 無線輕型的電腦,隨時都可以上網

B. 不僅基本功能強大,而且很結實耐用的電腦

C. 專業訴求功能強的電腦,它可以滿足各行各業的需求

D. 外形時尚美觀的電腦

A 你是一個推銷高手,因為你口才一流,所以能輕鬆得到大家的欣賞。

你對自己非常有信心，只要你看到老闆，自身的光芒就會馬上閃現出來。

B 你還算不上推銷高手。你雖然懂得把握機會，在遇到欣賞自己的伯樂時，會把自己最好的一面展示給他。

但你平常就是在默默地工作，大家多數時候覺察不到你的存在。

C 你推銷自己的功力一般，因為老實謙虛的你只會默默地努力，你相信一分耕耘一分收穫，只是在很有把握的時候才會推銷自己。

你喜歡腳踏實地，平時努力訓練自己各方面的才能。只要給你機會，你就會光芒萬丈。

D 你根本不懂得推銷自己，有時候你會因為太緊張而失常，常常會出現負面效果。你只要把平時累積的才能很自然地表現出來，就會得到別人的肯定。

54. 你在職場上要提防的人

在社會上，即使不喜歡，也難逃與他人打交道的命運。如果沒事求別人，你最不喜歡與哪種人打交道？

A. 領導者或老師
B. 心胸狹窄的人
C. 八卦、喜歡說是非的人
D. 脾氣古怪的人
E. 以權壓眾、抬高自己的人
F. 悶騷型的人

A 你是一個有長輩緣、懂得討人歡心的人，升職加薪會比其他人快，因此很多人認為你是靠拉關係和拍馬屁上位，那些不具備實力又想爬升上位的人很容易成為你的小人。

B 你是一個說話直接、不會拐彎抹角的人，可能會由於說話太過直率而得罪他人。那些心胸狹

窄的人，你不宜與他們交朋友，他們可能會將你的無心之話記在心裡，等機會再報復你。

C 你不太會處理人際關係，平時很少與他人打交道，由於你過於注重工作，往往忽略了身邊的人和事，那些顛倒是非的人會成為你職場上的致命傷，小心他們會搶走你的功勞。

D 你是一個講義氣、做事光明磊落的人，對那些行為古怪、難以捉摸的人要多留心，他們會氣得你說不出話來，甚至會影響你在公司的形象，會阻撓你事業的發展。

E 你是一個聰明、有實力的人，能勝任很多工作，但面對那些自以為是、競爭心強的人，你則要小心了，他們深怕你會超越他們，會在上司面前數落你的不是。

F 你是一個擅長溝通、人際關係處理得不錯的人，但面對悶騷型的人，恰巧他們又是你的領導和上司時，你會焦慮萬分，不知如何是好。他們不算是你的小人，但會弄得你玲瓏的心破碎。

☆ 【提防小人的六個基本要訣】

1. 不要和小人深入交往。

2. 沒有十足把握，不要輕率地揭發和攻擊小人。

3. 和小人說話要加倍小心，涉及個人隱私、對他人
   的抱怨和指責萬不可對小人說。

4. 不要試圖和小人理論。

5. 堅決避免和小人有經濟上的往來。

6. 最好不要讓小人知道你認為他是小人。

大大的享受拓展視野的好選擇

永續圖書線上購物網
www.foreverbooks.com.tw

謝謝您購買 　你會致富還是致負？
測試你人生成功指數的114則心理測驗　這本書！

即日起，詳細填寫本卡各欄，對折免貼郵票寄回，我們每月將抽出一百名回函讀
者寄出精美禮物，並享有生日當月購書優惠！

想知道更多更即時的消息，歡迎加入"永續圖書粉絲團"

您也可以利用以下傳真或是掃描圖檔寄回本公司信箱，謝謝。

傳真電話：（02）8647-3660　　　　　　信箱：yungjiuh@ms45.hinet.net

☺ 姓名：　　　　　　　　　　□男 □女　　　□單身 □已婚

☺ 生日：　　　　　　　　　　□非會員　　　□已是會員

☺ E-Mail：　　　　　　　　電話：（　）

☺ 地址：

☺ 學歷：□高中及以下　□專科或大學　□研究所以上　□其他

☺ 職業：□學生　□資訊　□製造　□行銷　□服務　□金融

　　　　□傳播　□公教　□軍警　□自由　□家管　□其他

☺ 您購買此書的原因：□書名　□作者　□內容　□封面　□其他

☺ 您購買此書地點：　　　　　　　　　　金額：

☺ 建議改進：□內容　□封面　□版面設計　□其他

　　　您的建議：

新北市汐止區大同路三段一九四號九樓之一

大拓文化事業有限公司收

請沿此虛線對折免貼郵票，以膠帶黏貼後寄回，謝謝！

你會致富還是致負？測試你人生成功指數的114則心理測驗

■ 請至鄰近各大書店洽詢選購。

■ 永續圖書網，24小時訂購服務
www.foreverbooks.com.tw
免費加入會員，享有優惠折扣

■ 郵政劃撥訂購：
服務專線：(02)8647-3663
郵政劃撥帳號：18669219